돈에 대해 생각하고
또 ——— 생각하라

일러두기

이 책은 독일의 금융 전문 잡지 〈캐피털〉과 〈보르스〉에서 오랫동안 편집장을 지낸 요하네스 그로스가
성공한 투자자 앙드레 코스톨라니를 인터뷰한 형식으로 진행됩니다. 인터뷰는 1998년에 진행되었습니
다. 20세기 금융 시장의 흥미로운 역사와 함께 코스톨라니의 유년 시절부터 파리 증권거래소에서의 성
공, 미국행, 그리고 저술 활동까지 그의 다채로운 삶에 대해 이야기합니다. 이야기는 1906년 부다페스
트에서 시작됩니다. 환율과 금리, 경제·정치 정세 등은 인터뷰 당시를 기준으로 합니다.

코스톨라니와의 인터뷰: 투자와 통찰력

돈에 대해 생각하고 또 생각하라

앙드레 코스톨라니
요하네스 그로스 지음

한윤진 옮김

Weisheit eines Spekulanten

'유럽 증권계의 전설'이 말하는 주식시장의 심리학   이레미디어

contents

1장

혼돈의 시기

01

상상은
현실이 된다

그로스　　　　코스톨라니 선생님께서는 1906년에 부다
페스트에서 태어났지만 거주지는 파리에 있고, 활동은 독일에
서 했으며, 미국 시민권도 소유하고 있죠? 선생님께 고향이란
어떤 의미가 있는지 궁금합니다.

코스톨라니　　　　나는 봉건적인 헝가리에서 태어났습니다.
그곳에서 어린 시절을 보냈죠. 그때만 해도 헝가리는 프랑스의
옛 자본주의 체제였습니다. 그런 환경에서 성장했습니다. 제2
차 세계대전이 터진 이후부터는 현대 자본주의의 수도라고 할

수 있는 뉴욕에서 살았습니다. 종전 후 다시 유럽으로 돌아와 서 많은 곳을 여행하며 살고 있습니다. 특히 독일의 여러 곳을 다녔습니다. 무려 10개 도시가 내 집이라고 할 수 있죠. 뉴욕은 물론 런던, 취리히, 빈, 베네치아, 제네바, 코트다쥐르, 부다페스트, 뮌헨 그리고 파리가 내 집입니다. 파리에서 가장 오래 지냈습니다. 한 곳에 머무르지는 않지만 파리에서는 27년째 거주 중입니다. 그러나 뮌헨을 비롯한 독일에 머물 때도 꼭 집에 있는 듯한 기분을 느낍니다. 부다페스트에 있을 때보다 뮌헨과 파리에서 보내는 시간이 훨씬 더 많지만 그래도 마음만큼은 헝가리에 대한 애국심으로 가득 찬 애국자라고 할 수 있죠.

그로스　　　　　그러시군요. 그래도 가장 고향이라는 기분이 드는 도시나 장소가 있다면 어디일까요? 정말 집처럼 느껴지는 곳이요. 예를 들어 '내 생의 마지막 순간을 보내고 싶은 곳, 인생에서 가장 의미 있는 순간을 보낸 곳은 어딜까?'라고 떠올린다면 말입니다.

코스톨라니　　　　도시마다 느끼는 감정은 다릅니다. 취리히에는 부모님의 묘소가 있었죠. 과거형인 이유는 단 10년 동안만 매장하는 것이 허용되어 더는 그곳에 계시지 않기 때문입니다. 하지만 그러한 사실은 그다지 중요하지 않아요. 오랜 증권가 동료들은 파리에서 만나고, 어린 시절의 친구들은 부다페스트의 연례 동창회에서 만납니다. 뮌헨에는 어릴 적부터 알고 지낸 친구는 없지만 나를 좋아하는 친구들이 많이 있습니다. 연령대가 18세에서 60세 사이인지라 대부분 내 자식이나 손주뻘입니다. 현재 교류하는 동료들과 친구들은 대부분 독일에 거주합니다. 커다란 아픔을 겪은 뒤로 파리와 부다페스트하고는 매년 조금씩 멀어지고 있습니다. 이제는 뉴욕을 방문하는 일도 매우 드물어졌죠. 살면서 가장 멋진 시간을 보낸 곳임에도 말입니다. 주로 쓰는 언어가 무엇이냐고 묻는다면 나는 이렇게 답하곤 합니다. 사랑하는 하나님과는 헝가리어로, 오랜 동료와 친구와는 프랑스어로, 제자들과는 독일어로 그리고 금융가와 브로커와는 영어로 소통합니다.

그로스　　　　　선생님은 20살까지 부다페스트에서 지냈는데요. 어린 시절을 떠올렸을 때 어떤 가정에서 자랐다고 말할 수 있을까요?

코스톨라니　　　사실 유복한 집안에서 성장했습니다. 아버지는 지금의 언더버그^{Underberg}(소화에 효과가 있다고 알려진 술)와 같

은 허브 술을 생산하는 공장의 소유주이자 부다페스트의 시의
원이었습니다.

형제는 두 형과 누나가 있습니다. 나보다 14살이 많은 큰형
엠머리히와 10살 위인 둘째 형 벨라는 독일에서 그리고 나중에
는 런던에서 경영학을 전공했습니다. 두 사람 모두 제1차 세계
대전이 터지기 몇 주 전에 발생한 사라예보 암살 사건 이후 부
다페스트로 돌아왔어요. 그 이후에 엠머리히는 부다페스트 은
행에서 근무했고, 벨라는 공장을 물려받아 운영했습니다. 누나
릴리도 나보다 여덟 살이나 많았죠. 어린 시절 누나는 제2의 어
머니나 다름없었습니다. 누나는 두 번 결혼했는데, 한 번은 결
혼 지참금이 엄청난 적도 있었죠. 처음 결혼했던 남편은 아버지
와 동종 업계에 있던 사업가였습니다. 매형의 주 종목은 코냑이
었습니다. 나는 매형을 좋아했는데 매력이 넘쳤어요. 누나가 그
매형과 이혼한 후에도 친구로 지낼 정도였습니다. 릴리의 재혼
상대인 안드레아스 라포흐는 한 은행의 임원이었습니다. 제2차
세계대전이 끝나고 결혼한 두 사람은 릴리가 1988년, 향년 91
세의 나이로 세상을 떠날 때까지 함께 거주한 취리히로 이주했
습니다. 릴리는 그곳에서 행복하게 살았죠. 매형이 부다페스트
출신 지인들과 함께 설립한 기업이 잘 굴러간 덕분에 더없이 풍
족한 삶을 살았습니다.

형, 누나와 나이 차이가 있었던 탓에 어머니에게 나는 끝까지 응석받이 막내였습니다. 그렇다고 어머니가 예의 바르지 못한 행동을 눈감아 줬다는 말은 아닙니다. 오히려 정반대였습니다. 어머니의 도덕적 기준은 융통성이 있었던 아버지에 비해 훨씬 높았기 때문입니다. 어머니는 목욕이라는 말만 들어도 얼굴이 붉어졌습니다. 하지만 예절에 대한 자신의 가치관을 자식에게 강하게 밀어붙이지는 않으셨어요. 그래서인지 릴리는 어머니와 완전히 달랐어요. 나는 어머니가 입버릇처럼 "도대체 릴리가 어디서 저런 말을 배운 건지 모르겠구나."라고 푸념하던 모습을 자주 보았습니다.

부모님은 서로 부족한 부분을 잘 보완해 주는 사이였습니다. 종종 글로 쓴 바 있지만, 아내가 조금 더 돈의 이치가 밝고 욕심을 가진 편이 낫다고 생각합니다. 내 가족과 지인들을 보면서 이런 신념은 더 확고해졌는데요. 예전에 아버지가 돈을 흥청망청 쓸 때마다 어머니는 낭비가 심하다고 나무라곤 했습니다. 그럴 때마다 아버지는 한 귀로 흘려들으며 "그래서 그게 뭐 어떻다는 거요? 약국에 쏟아붓는 것보다는 훨씬 좋지 않소."라고 맞받아치곤 했습니다. 진정한 보헤미안이었던 아버지는 어떻게 해도 고쳐지지 않는 낙천주의자였습니다.

어머니는 스무 살을 넘긴 시점임에도 나만 보면 항상 이렇게 말씀하셨습니다. "길을 건널 때는 조심하렴.", "전차에 오를 때도 주변을 잘 살펴봐야 해." 그렇게 애정 어린 걱정을 입에 달고 사셨지요. 반면 진정한 낙천주의자였던 아버지는 그런 면이 전혀 없었습니다. 심지어 학교 성적마저 언급한 적이 없을 정도였습니다. 아버지는 목표 없이 흐르는 대로 사는 진정한 낙천가였습니다.

1944년 러시아군이 부다페스트를 포위하면서 부모님은 며칠간 방공호로 피신해야 하는 상황에 처했습니다. 여기저기 폭탄이 떨어지고 우레와 같은 대포의 굉음에 집 전체가 흔들리며 무너져 내릴 것 같은 상황에서도 아버지는 흔들림 없이 기계처럼 같은 말만 반복하셨다고 합니다. "아무 일도 없을 거야, 아무 일도 없을 거야. 우리는 꼭 살아남을 테니까." 그리고 그런 아버지의 말은 옳았죠. 폭탄, 대포, 포위 공격에도 무사히 살아남았으니 말입니다.

도를 넘어 거의 광적인 수준이었던 아버지의 낙천적인 성향을 보여주는 일화가 있습니다. 어느 날이었습니다. 릴리가 점심때쯤 부모님을 찾아왔습니다. 당시 릴리는 부다페스트를 뜨겁게 달구는 소식을 부모님께 전하려고 종종 찾아왔습니다. 그런데 지난 밤 어머니가 가장 아끼던 조카, 그러니까 내 사촌 엘리자베스가 갑자기 사망했습니다. 릴리는 충격을 받게 될 어머니

를 생각해 이 소식을 최대한 천천히(고작 커피 한 모금만큼일지라도)
전하려고 했습니다.

"어떻게 하죠, 엄마. 엘리자베스가 심하게 아프대요."

릴리가 조심스레 운을 뗐지요. 그러자 곧바로 어머니에게서
탄성이 흘러나왔습니다.

"오! 주님! 성모 마리아님!"

"도대체 이게 무슨 일이야. 그렇지만 뭐, 또 그게 그리 야단법
석일 일이란 말이오?"

아버지가 호통을 쳤습니다.

"당장 아파도 금방 건강해질 텐데."

"하지만 정말 아픈걸요."

릴리는 굽히지 않고 말했습니다.

"그렇다 한들, 중환자도 몇 주만 지나면 완쾌하기 마련이야."

릴리의 말에 아버지가 시큰둥하게 대꾸했습니다.

"의사도 포기한 상태인걸요."

릴리는 검은 베일을 드리운 것만 같은 침울한 목소리로 말했
습니다.

"아아, 신이시여! 신이시여!" 어머니는 거듭 한탄했습니다.

"정말 그렇다고 해도 나쁜 의미가 아닐게요."

아버지는 어떻게든 어머니를 안심시키려고 했습니다.

"내 친구 뮐러도 예전에 의사들이 가망 없다고 손을 놓았지만 지금은 우리와 즐겁게 점심을 함께하지 않소."

릴리는 나쁜 소식을 완강히 거부하고 절대 인정하지 않으려는 두 노인의 고집스러운 모습에 두 손 두 발을 들고, 이런 식으로는 더는 진전이 없을 거라고 판단해 결국 진실을 털어놓고 말았습니다.

"솔직히 말씀드리면 엘리자베스가 오늘 새벽에 세상을 떠났어요."

그러자 황망해진 아버지는 그제야 혼자 중얼거렸다고 합니다.

"그래 뭐, 이미 세상을 떠났다면 어차피 우리가 달리 도와줄 일이 없는 거로군……."

그렇게 가족 사이에 벌어진 작은 언쟁은 끝이 났습니다.

아버지가 향년 87세로 세상을 떠나기 얼마 전, 폐렴으로 취리히의 한 병원에 입원해 있을 때의 일입니다. 아버지는 내게 전화를 걸어 캐비어와 포트와인을 가져다 달라고 부탁했습니다. 물론 나는 아버지의 부탁을 들어드렸고, 아버지의 병세에 차도가 있는 것처럼 보여 곧바로 다음 날 파리로 되돌아왔습니다. 죽음을 목전에 둔 그 시점에 한 간호사가 아버지를 찾아와 안부를 물었습니다.

"코스톨라니 씨, 지금은 기분이 좀 어떠신가요?"

아버지는 기쁨이 가득한 환한 표정으로 힘차게 대답했습니다.

"아주 좋소, 어여쁜 간호사 선생."

그 모습에 어머니는 고개를 절레절레 흔들며 속으로 생각했다고 합니다.

'당신이야 예쁜 여자만 보면 없던 힘도 나는 거겠죠.'

나는 그다음 날 릴리로부터 아버지가 영면에 드셨다는 전보를 받았습니다.

02

우연한 것에서
행운이 깃든다

그로스　　　　아버님이 정말 낙천적이셨네요. 화제를 돌려보겠습니다. 선생님께서는 가톨릭교에서 세례를 받았지만 원래는 유대교 집안이라고 들었는데요. 당시에 종교 상황은 어땠는지 궁금합니다.

코스톨라니　　　이미 내가 태어나기 전에 부모님께서는 가톨릭교로 개종했습니다. 그러므로 난 태어나자마자 세례를 받았죠. 하지만 제2차 세계대전이 터지던 그 시절에는 우리 집안이 유대인 혈통이라는 것만 중요했습니다. 부다페스트의 많은 유대인들이 기독교인으로 개종하였고 우리 가족처럼 꼭 가톨릭교가 아니더라도 개신교 세례를 받았죠. 날마다 브리지 카드 게임을 즐기는, 소싯적 친구 중 하나도 개신교도였습니다. 그들은 개신교 김나지움(독일의 인문계 중등교육기관-옮긴이)으로 진학했지만 하교 후 자주 어울리곤 했습니다. 우리 가족과 친분이 있던 사람들이 전부 유대인이었던 것은 아닙니다. 아버지가 시의원으로 재직했던 시의회만큼이나 다양한 사람들이 섞여 있었습니다. 각기 다른 신앙 공동체 소속이었지만 모두가 잘 어울렸죠.

당시의 분위기를 실감나게 보여주는 에피소드가 있습니다. 부다페스트의 유대인 사회는 매우 영향력이 높은 위치에 있었는데요. 도나우의 슈바벤 사람들과 지금의 부다페스트를 형성한 것은 귀족이 아니라 유대인이었습니다. 당시 헝가리 전역에 거주하던 50만 명의 유대인 가운데 30만 명이 수도인 부다페스트에서 생활했습니다. 부다페스트에 유대인이 너무 많아 심지어 유다페스트라고 불릴 정도였죠.

제1차 세계대전이 막을 내리고 상원과 하원으로 구성된 양원제 의회가 부활했습니다. 의회에는 여러 다양한 집단이 포함되어 있었어요. 우선 최고위층 귀족이라 불리는 집단이 있었고, 둘째는 생득권生得權이 있는 귀족 집단 그리고 셋째로는 사단 법인이나 여러 이익 단체의 대표자처럼 헝가리의 여러 행정 구역에서 파견한 사절단이 있었습니다. 이들의 종교는 각양각색이었습니다. 개중에는 가톨릭교는 물론 칼뱅교도 포함되어 있었습니다. 당시 헝가리 국민의 30퍼센트가 칼뱅교도였습니다. 그 밖에 유니테리언교, 침례교, 심지어 기독교의 종파이지만 토요일을 안식일로 지키는 안식교처럼 소규모 종교 단체 소속의 개신교 주교들도 더러 있었습니다. 내 학교 친구들 중에도 안식교에 다니는 친구가 있었어요.

먼저도 말했듯이 여러 종교가 혼합되어 있는 상원의 형국이 오스트리아-헝가리 제국의 모습을 투영했던 겁니다. 귀족원에서는 수석 랍비 두 명이 유대인들을 대표했습니다. 한 명은 개혁론자 연대 소속이었고, 다른 한 명은 정교회 소속이었죠. 당시 미국에는 개혁주의자 말고도 다른 연대가 있었지만 헝가리에는 아직 없었던 시절이었습니다. 개혁론자 연대를 대표하는 수석 랍비, 에마누엘 로에브Emanuel Loew는 항상 헝가리 민속 의상을 입고 다녔어요. 반면 그의 반대편에 선 정교회 대표인 코펠 라이히Koppel Reich는 길고 헐렁한 카프탄(원래는 이슬람 문화권에 사는 사람들이 입는 긴 웃옷을 뜻함)을 입고 긴 턱수염에 유대인 모자를 썼습니다. 누가 봐도 전형적인 정교회 유대인의 외향이었죠. 저는 매일 케이블카를 타고 학교가 있던 페스트 지역으로 향하는 등굣길에서 항상 라이히와 마주쳤습니다. 부다페스트를 잘 모르는 사람들을 위해 부연 설명을 하자면, 부다페스트는 부다와 페스트로 나뉜 두 지역을 도나우강이 가르며 흐르고 있습니다. 언제나처럼 수석 랍비는 그를 따르는 제자들과 함께 케이블카에 앉아 있었죠. 제1차 세계대전이 끝나고 상원이 부활하자 옛 전통에 따라 상원 의원 중 최고 연장자가 민속 의상을 입고 의회를 개최해야 했습니다. 당시 최고 연장자인 상원 의원은 물론 코펠 라이히였지만 정교회 수석 랍비인 그가 민속 의상을 입고 출석할 수는 없는 난처한 입장이었습니다. 라이히가 민속 의상을 입는다는 것은 쉬운 일이 아니었습니다. 라이히는 검이나 정복은 아예 없었고, 그나마 있는 거라곤 지팡이뿐이었습니다. 그 누구도 개회식에 의장이 그런 모습으로 나타날 거라고 생각하지 않았어요. 상원 소속 의원들이 전부 민속 의상을 입고 모여 있는데, 막상 개회사를 진행해야 할 의장이 카프탄을 입고 있는 광경이라니! 정말 상상조차 할 수 없는 일이었겠죠. 하지만 절대로 서로 굽히지 않는 고리타분한 두 전통의 고집에 의해 이런 딜레마가 첨예하게 충돌했습니다. 그러자 라이히는 서로 대립하는 두 전통에 어긋나지 않도록 첫 번째 회의에 자신이 참석하지 않으면 어떻겠느냐는 의사를 조심스레 밝혀왔어요. 참고로 라이히가 참석하지 않으면 의장직은 자동으로 그 다음 순번에게 넘어가게 되었거든요. 어쩌면 현 민주주의적 관점으로 볼 때 서로 다른 종파의 대표자들이 상원에 함께 소속되어 있는 그러한 형국 자체가 다소 이상하다고 느껴질 수도 있을 것입니다. 하지만 당시는 이런 문제가 매우 중요하던 시절이었습니다.

그러고 보니 부다페스트 대학에서 입학 정원제를 안건에 올리며 열정적인 연설을 쏟아내던 수석 랍비, 에마누엘 로에브의 모습이 선명히 기억나네요. 여기서 말하는 입학 정원제란 최저 평균 점수를 요구하는 현재의 의미와는 판이하게 다릅니다. 당시 헝가리 의회에서 논의되었던 입학 정원제는 유대인 학생 수를 신입생의 6퍼센트로 제한해야 한다는 내용이었습니다. 많은 정치인들이 그 시절의 지성인들과 대학교수들 가운데 유대인 비중이 너무 많다고 생각했던 것입니다. 하지만 나처럼 일찍이 가톨릭 세례를 받은 사람은 유대인에 포함되지 않았으므로 나는 운 좋게도 이 인원 제한을 피해갈 수 있었습니다.

에마누엘 로에브는 이 법안에 필사적으로 맞서 싸웠지만 결국은 막아내지 못했습니다. 어떻게 보면 그의 실패가 세계 역사의 흐름에 큰 영향을 미쳤다고 말할 수도 있을 것입니다. 그 시절 해당 법규에 의해 대학교에 입학하지 못했거나 대학의 유대인 배척주의를 용납하지 못했던 많은 유대인들이 미국으로 이민을 떠났고 그곳에서 위대한 석학이 되었습니다. 그들 중에는 유명한 물리학자 레오 실라르드 Leo Szilard, 엔리코 페르미 Enrico Fermi와 함께 원자폭탄을 개발한 노벨상 수상자 유진 폴 위그너 Eugene Paul Wigner 등이 있습니다. 그리고 어린 시절 나와 뛰어 놀던 친구, 에드워드 텔러 Edward Teller는 훗날 수소 폭탄 발명에 일조했으며, 레이건 대통령의 고문으로서 원자폭탄 방어 시스템인 전략방위구상 SDI, Strategic Defense Initiative의 공동 창시자로 참여했습니다. SDI는 소련을 군축 협상에서 고개 숙이게 만들며 수세로 몰아붙였습니다. 그리고 에드워드 텔러는 이러한 세계의 유화 과정을 이끈 핵심 인물들 중 한 명이었습니다. 부다페스트 대학의 유대인 입학 정원 제한은 이런 식으로 세계 평화에 기여한 셈이 되었죠. 오늘날까지도 미국에서는 헝가리 출신 교수가 강단에 서지 않는 대학이 없을 정도니까요.

그로스   이야기를 듣다 보니 선생님의 학창 시절이 궁금해지는군요. 언제부터 독일어를 잘하셨습니까? 독일인 가정 교사가 있었나요?

코스톨라니   네, 맞아요. 소피 로이스라고 독일인 애국자 선생님이었죠. 그 로이스 선생님은 나에게는 가정 교사 이상이었어요. 독일 밤베르크 출신으로 부다페스트 독일 문화원(1945

년 구동독에 창설-옮긴이)의 대표였습니다. 지금도 종종 선생님을 떠올리곤 합니다. 언제나 확고한 독일 애국자였던 소피는 집에 있는 오래된 가구만큼이나 우리 가족의 일부나 다름없었습니다. 그리고 소피에게 일찍이 독일어를 배운 것은 내게 행운이었습니다. 소피는 고향을 열정적으로 사랑했던 만큼 프랑스인을 혐오했습니다. 얼마나 싫어했는지 프랑스인이라는 단어조차 입 밖으로 꺼내지 않았죠. 그 선생님에게 프랑스인이란 그저 '뒤룩뒤룩 살찐 돼지 같은 프랑스 놈들'에 불과했습니다. 하지만 이러한 소피의 태도는 정도를 벗어나 비틀렸다기보다 당시 독일과 프랑스의 분위기를 거울처럼 비춰주는 투영상이나 다름없었습니다. 그래서 어느 정도는 이해할 수 있었죠.

그로스　　　　당시 상황에는 그럴 수 있었겠습니다. 그렇다면 어쩌다가 비교적 어린 나이에 고향인 헝가리를 떠나 파리로 가게 된 것인가요? 목표하던 직업과 관련이 있었던 걸까요?

코스톨라니　　　　그렇지 않아요. 오히려 우연에 가까웠어요. 원래는 부다페스트에서 철학과 미술사를 전공했는데요. 당시 부모님은 겨울마다 코트다쥐르(프랑스 남부 마르세유에서 이탈리아 국경에 이르는 지중해에 면하여 있는 지역)로 휴양을 떠났습니다. 그리고 돌아오는 길에 종종 파리에 들렀죠. 그곳에서 아버지는 옛 동창인 알렉산더^{Alexander} 씨를 방문했습니다. 그분은 대단한 자산가일 뿐만 아니라 아주 흥미로운 사람이었습니다. 그러니 그의 가족 이야기를 한번 짚고 넘어가겠습니다. 알렉산더 씨에게는 4명의 자식이 있었는데 장녀는 엄청난 자산가로 정평이 나 있었습니다. 알렉산더 씨의 장녀는 당대의 유명 예술품 수집가로 명성을 날린 헝가리인 마르셀 폰 네메스^{Marcel von Nemes}와 사랑에 빠졌습니다. 네메스는 슈타른베르크에 위치한 대저택에 살았죠. 둘째 딸, 앙투아네트의 연애사도 매우 흥미진진했습니다. 앙투아네트는 당대의 유명 시인, 폴 제랄디^{Paul Geraldy}의 연인이었습니다. 하지만 훗날 결혼은 독일의 유명 화가, 막스 에른스트^{Max Ernst}와 했습니다. 알렉산더 씨의 자녀들 중 특히 훌륭한 투자자였던 앙투아네트가 유독 내 기억에 남아 있습니다. 앙투아네트는 아버지, 알렉산더 대부터 파리 상품거래소에서 대단한 실력자였으니 그녀의 재능은 집안 내력일 것입니다. 알렉산더 씨는 자신의 형제와 함께 중개인 사무소를 운영하기도 했습니다.

아버지가 알렉산더 씨를 방문했을 때 아버지에게 그만큼 확실한 투자가 없다며 프랑스 프랑에 투자하라고 조언했습니다. 금융 귀족들이 전부 프랑스 화폐의 하락에 투자하던 시절이었죠. 프랑스는 전쟁의 여파로 극심한 진통을 겪고 있었어요. 독일과의 전쟁에서 승리했지만 수백만 명에 이르는 사상자, 황폐해진 도시와 국가 재정은 거의 공황 상태에 이르러 매우 쇠약해진 상태였습니다.

오랜만에 마주한 아버지와 알렉산더 씨는 가장 먼저 가족의 안부와 소식을 전했습니다. "자네 아이들은 뭘 하고 있나?"라고 알렉산더 씨가 묻자 아버지는 "첫째는 은행 지점장이고 둘째는 가업을 이끌고 있다네. 그리고 막내, 앙드레는 대학에서 철학과 미술사를 전공하고 있지."라고 대답했습니다. 그러자 "뭐라고? 말도 안 돼. 설마 시인이라도 되려는 건 아니겠지? 그 아이를 어서 파리로 보내게. 여기에서는 배울 게 훨씬 더 많을 테니까 말일세." 하고 알렉산더 씨가 흥분조로 말했다고 합니다. 이는 그 이후의 내 인생사를 보면 아시겠지만, 정말 훌륭하고 적절한 조언이었습니다.

2장

생각하고 또 생각하라

01

내부자 정보를
믿지 마라

그로스　　　　　알렉산더 씨의 조언이 선생님의 인생에 큰
영향을 미쳤네요. 그분은 선생님에게 프랑에 투자하라고 조언
했죠. 그 결과, 어떻게 됐나요?

코스톨라니　　　　솔직히 그 결과는 매우 좋지 않았어요. 프
랑에 투자한 아버지는 큰돈을 잃었습니다.

이와 관련해서 독일 슈투트가르트 출신의 무모한 투자자로
정평이 난 프리츠 만하이머 Dr. Fritz Mannheiner 박사를 언급해야겠
습니다. 그는 암스테르담에 위치한 멘델스존 은행 Mendelsohn und

Co.의 수장이자 오래된 베를린 귀족 기업 멘델스존의 파트너였습니다.

만하이머 박사는 인플레이션 투자 부문의 제왕, 이른바 오스트리아의 스틴네스(독일의 하이퍼인플레이션으로 큰돈을 번 재벌인 후고 스틴네스를 이른다-옮긴이)라고 불리는 카밀로 카스티글리오니Camillio Castilglioni(트리에스트 출신 수석 랍비의 아들이자 타이어 제조기업 젬페리트 Semperit 옛 매각자)의 초대로 빈의 큰 축제를 방문했습니다. 카스티글리오니는 오스트리아 인플레이션으로 수십억에 이르는 떼돈을 손에 쥐자 독일 마르크와 오스트리아-헝가리 제국의 화폐 포린트처럼 이번에는 프랑스 화폐, 프랑이 폭락할 차례라고 확신했습니다. 카스티글리오니는 만하이머 박사를 설득한 다음 빈과 암스테르담의 여러 은행가와 투자자들을 규합하여 신디케이트를 설립했습니다. 언론의 도움을 받아 각국 금융기관에서 프랑스 프랑의 신용도를 하락시키고 공격하기 위해서였습니다.

통화를 공격하는 방식은 이렇게 진행되었습니다. 우선 해당 통화로 막대한 대출을 일으킨 후 이 금액을 런던, 취리히, 암스테르담 등의 모든 금융가에 풀었습니다. 과대 선전, 신문 기사, 입소문 등도 적극 동원했습니다. 그 결과 어떻게 되었을까요?

통화는 (처음에는) 서서히 하락했고, 대중 사이에 비관론이 퍼지기 시작했습니다. 그렇게 조성된 불안감의 연쇄 반응으로 사람들은 손에 쥔 프랑 예금을 포기하게 되었습니다. 그러면 채권가는 공황에 빠진 환경을 십분 이용하여 매우 저렴한 시세로 프랑을 매입합니다. 1970년대 말, 1980년 초반에 카터 행정부 아래 일어났던 미국 달러화 사태도 어찌 보면 이와 동일한 접근 방식 또는 전략에 의한 것이었습니다.

카스티글리오니와 만하이머가 이끄는 이 쌍두마차는 매우 성공적이었습니다. 프랑화의 환율은 날이 갈수록 하락을 거듭했고, 유럽 전역의 투자자들이 매도로 돌아선 덕에 카스틸리오니는 갈수록 더 많은 돈을 쓸어 담으며 더 큰 대부호가 되어 갔죠.

그나마 이 옛 젬페리트 공장 매각인이 한 선행이라면 문화생활 부문에 많은 기여를 했다고 말할 수 있을 것입니다. 카스티글리오니는 시대를 막론한 최고의 연극인이자 잘츠부르크 페스티벌의 창시자인 막스 라인하르트Max Reinhardt를 후원했습니다. (당시 세상을 할퀸 인플레이션의 상처가 잘 아물고 있었으며, 축제극은 나날이 번창하고 있었습니다.)

프랑화는 나날이 하락했습니다. 프랑스 정부가 자국 통화의 신뢰도가 완전히 바닥을 치기 전에 어떻게든 개입해 보려고 했지만 속수무책이었습니다. 정부의 조치가 하나둘 차례대로 실패할 때마다 프랑은 점점 더 곤두박질쳤죠. 당시 암울했던 프랑스의 분위기가 마치 어제 일처럼 생생히 떠오르곤 합니다.

1926년에 친독 성향의 정치인이자 시장인 동시에 리옹의 학자이며 음악과 베토벤을 연구하는 석학인 에두아르 에리오 Edouard Herriot를 내세운 좌파 연합이 선거에서 승리했습니다. 몹시 뛰어난 지성인인 재무장관, 아나톨 드 몬지 Anatole de Monzie는 의회에서 다음과 같은 말로 연설을 시작했습니다.

"여러분, 국고가 텅 비었습니다!"

그의 발언으로 프랑스 의회와 전국이 커다란 충격에 휩싸였습니다. 프랑은 최저점을 뚫은 뒤에도 연일 하락했고, 정부의 입지도 함께 추락했습니다. 국회에 항의하는 대규모 시위와 외국인 혐오(프랑스 역사에 자주 있었던 것처럼)가 퍼져나갔습니다.

"이방인들이 우리가 먹을 빵을 빼앗아 먹고 있습니다!"

이는 예전부터 만연했던 진부한 노래였습니다. 격분한 사람들은 관광버스에 돌을 던졌고, 외화를 상영하는 극장의 창문을 깼습니다. 공황 상태에 사로잡힌 프랑화는 죽음을 목전에 두고 있었습니다.

그런데 갑자기 외환 딜러들이 주목할 만한 사건이 벌어졌습니다. 엘리제 궁전에서 흘러나온 소문이 시발점이었습니다. 레몽 푸앵카레 Raymond Poincaré가 국무총리 겸 재무장관직을 받아들였다는 소식이었습니다. 그 이후 외환시장의 차트는 1분 단위로 요동쳤습니다. 푸앵카레는 프랑스 애국심과 미덕 측면에서 상징적인 인물이었기 때문입니다. 푸앵카레는 주변을 압도할 수준의 엄청난 인재는 아니었지만 엄격한 도덕주의자이자 로렌 지역 특유의 뚝심을 지닌 열렬한 애국자였습니다. 훗날 세계대전이 터진 후 맹렬한 독일 혐오주의(이러한 성향은 당시 프랑스인이 갖춰야 할 미덕에 포함되었다)를 장착하기도 했습니다. 그리고 결정적으로 뉴욕 금융가의 J. P. 모건John P. Morgan으로부터 2억 달러 차관을 성공시킨 후 푸앵카레는 프랑스 대통령에 당당히 선출되었습니다.

그러자 마치 마법봉을 휘두른 것처럼 모든 상황이 손바닥 뒤집히듯 급변했습니다. 이제 하락장에 투자했던 투자자들이 공황에 빠지게 된 거지요. 그들은 어떻게든 프랑화 채권을 되팔려고 혈안이 되었습니다. 당시는 누구나 자신에게 허락된 한도까지 대출을 받아 프랑화 채권을 사 모으던 시절이었습니다. (도자기 공장을 소유한 한 친구는 수백만 프랑에 달하는 부채가 있었습니다. 어떻게 그렇게까지 되었느냐 하면, 그 공장을 전부 대출로 설립했기 때문입니다.) 그때부터 프랑은 나날이 치솟았고 증권거래소에 쏟아지는 대규모 매도 주문으로 해외 주식(금광, 석유 등)까지 타격을 입었습니다. 당시에는 매도 주문만이 있었습니다. 유럽 전역의 투자자들이 많든 적든 신용으로 프랑에 적대적인 해외 유가증권을 매수했기 때문입니다. 이에 수천 명에 이르는 투자자들이 파산했고, 심지어 그중 일부 프랑스 대기업(백화점, 수출기업 등)마저 수억 프랑에 달하는 채무에 재정 상태가 휘청이는 지경에 이르렀습니다. 반년 사이에 프랑화의 가치는 무려 100퍼센트나 상승했고, 결국 수출 문제로 인해 프랑스 중앙은행이 환율을 '낮추는' 인위적인 조정으로 개입할 수밖에 없었습니다. 프랑스 재정 역사에서 이 에피소드는 '프랑화의 마른Marne 전투'로 회자되고 있습니다. 빈의 모든 기업, 프라하 기업의 절반 그리고 부다페스트와 암스테르담에도 이로써 파산한 기업이 넘쳐났습니다.

나를 자신에게 보내라던 알렉산더 씨의 두 번째 조언 덕분에 우리 가족은 더 심각해질 수 있었던 막대한 손실을 피해 갔습니다. 나는 흡사 낙하산을 메고 뛰어내리듯 그렇게 파리에 착륙했습니다. 하지만 제1차 세계대전 이후 닥친 심각한 인플레이션으로 가난해진 파리로 가는 것이 젊은 청년에게 무슨 의미였을지 지금 사람들이 공감할 수 있을지는 잘 모르겠네요.

그로스　　　　그런 영향 때문에 증권시장에서 투자하고자 하는 이들에게 할 조언이 많지 않다고 말하는 것인지도 모르겠네요.

코스톨라니　　　　정확히 그렇습니다. "정보는 곧 몰락이다" 라는 게 제 신념입니다. 꼭 그때 일 때문만은 아닙니다. 나는 투자자들이 확실하다고 강조하는 조언에 눈이 멀어 전 재산을 날리는 모습을 수도 없이 지켜보았죠. 그러므로 어디에 투자하라는 조언을 하지 않습니다. 대신 아이디어와 비전으로 돈을 버는 방법을 알려주죠. 그렇지만 오늘만큼은 투자자에게 한 가지 조언을 하고 싶습니다. 우선 약국에 가서 수면제를 산 후 글로벌 및 독일 우량주를 매수한 후 1999년에 알람을 맞추고 잠에 드세요. 집 밖에 천둥과 번개가 쳐도 1999년까지 잠든 투자자는 이를 알지 못할 것이고 잠에서 깨어나는 순간 깜짝 놀랄 상황을 몸소 체험하게 될 것입니다.

그로스　　　　그러니까 지금 독일 경제 발전에 대해 긍정적으로 예측한다는 말씀인가요?

코스톨라니　　　　그렇습니다. 심지어 독일 경제의 두 번째 기적이 곧 일어날 것이라 말하고 싶습니다. 내가 그 과정을 직접 볼 수 있을지는 모르겠습니다. 과거 독일 경제의 첫 번째 기적을 예측했고 그 과정에서 상당한 고수익을 올렸기 때문에, 어느 정도 그러한 진단을 내려도 되지 않을까 하고 생각합니다.

02

우연에
베팅하지 마라

그로스　　방금 전까지 우리는 조언에 관한 이야기를 나누었습니다. 증권인으로서 일명 내부자 정보와 관련된 경험이 있으실까요? 그러니까 일반적으로 공유되지 않고 업무적인 특수성을 통해 얻게 된 특별 정보를 받아본 경험이 있는지 궁금합니다.

코스톨라니　　글로 자주 언급한 주제인데요. 여전히 제 입장은 동일합니다. 모름지기 남이 모르는 정보를 얻었다면 정반대로 하는 것이 좋습니다. 그리고 그렇게 할 때마다 나는 승자가 되었습니다. 내부자 정보가 맞았더라도 우연의 일치인 경우가 많았죠. 마치 다리가 위에 있고 머리가 아래에 있는 피카소의 자화상처럼 말입니다. 한 기업의 임원이 그 기업의 주식을 매수하라고 말하면 나는 주로 정반대로 행동했습니다. 한때 프랑스에서 가장 부유한 가문 중 하나였던 라니엘가는 이러한 내부자 정보로 인해 엄청난 치욕을 겪고, 심지어 가문이 몰락하기까지 했습니다. 나와 친했던 한 지인도 이 사건에 연루되어 투자 과정에서 돈을 몽땅 잃고 말았죠. 멕시코 정부와 프랑스 대기업들을 연결하는 대형 프로젝트 사업 과정에서 내 지인은 라니엘 가문이 운영하던 여러 자회사들과 협력 관계에 있었습니다. 1952년 부활절을 며칠 앞둔 어느 날 칸에 위치한 칼튼 호텔에서 그와 우연히 마주쳤는데요. 그가 내가 앉은 자리로 성큼 다가와 털썩 앉은 다음 무턱대고 이상한 질문을 던져댔습니다.

"앙드레, 프랑스 프랑에 대해 어떻게 생각해요? 당신이 보기에도 곧 평가절하될 것 같죠?"

예상치 못한 질문에 난 어깨를 으쓱이며 이렇게 대답했습니다.

"왜요? 전 딱히 그럴 만한 이유가 없는 것 같은데요."

그랬더니 그는 다음과 같이 말했습니다.

"그렇지 않습니다. 의견이 분분하고, 또 당장 설명하기에 너무 복잡한 사안이 얽혀 있지만 한 가지만큼은 확실합니다. 분명 프랑화는 곧 하락할 테니까요."

그의 말에 아리송해져서 나는 다시 이렇게 말했어요.

"왜 그렇다는 건지 정말 그 이유를 모르겠군요."

하지만 그는 굴하지 않고 가을이 되기 전에 환율이 하락할 것이라고 단언했습니다. 그리고 한참이 지난 후 나는 그가 그렇게까지 확신하던 이유를 이해하게 되었습니다. 라니엘 그룹과 친밀한 관계였던 그 지인은 그룹 내에서 벌어지던 모종의 거래에 대해 알고 있었던 것입니다. 요컨대 그로부터 며칠 뒤인 부활절 월요일 저녁에 카지노로 나를 만나러 온 그가 상기된 얼굴로 이렇게 말했습니다.

"제가 들은 정보에 의하면 멕시코 정부가 페소화를 35퍼센트나 평가절하했답니다."

그는 흡사 제정신이 아닌 것만 같았는데요. 그 소식에 엄청난 타격을 입은 것 같았죠. 나는 시간이 흐른 뒤에야 왜 그랬는지 그 이유를 알게 되었습니다. 그 시절 프랑스는 상원 의원 조셉 라니엘이 수상직을 맡고 있었습니다. 그 무렵 프랑스가 겪고 있던 재정적인 어려움은 정치적 불안정에 의한 결과였습니다. 전세계가 겪고 있던 공통적인 문제였지만 적극적으로 나서서 이를 해결하려던 나라는 소수에 불과했습니다.

라니엘 상원 의원이 권력을 장악한 건 1950년대 초의 일이었습니다. 그는 전임자들과 비슷한 점이 별로 없었습니다. 라니엘은 태생 자체가 탄탄한 여러 자회사를 거느린 기업의 수장이었습니다.

물론 국가를 위한다는 명목이 있었을지도 모르지만 본인의 사적인 사업이 연관되어 있었으므로 라니엘은 어떻게든 프랑의 평가절하를 희망하며, 그것을 위해 은밀히 뒤에서 공작을 벌이고 있었습니다. 관련 소문이 빠르게 퍼졌지만, 엄중한 조치를 취할 만큼의 상황으로 전개되지 않았죠. 내 지인처럼 정보에 발빠른 사람들은 정부가 환율 인하 계획을 실행할 것이라 확신했고, 그 정보는 그를 실망시킨 적이 없었습니다. 한 나라의 수상이 프랑의 평가절하를 원했던 것은 단순히 그가 프랑화의 평가절하에 투자했기 때문일 것입니다. 프랑스 수상은 실제로 가문의 사업체를 총동원하는 가히 천재적인 방법을 시도했습니다. 그는 자회사를 통해 대량의 물품을 멕시코로 수출했습니다. 멕시코 정부를 비롯한 멕시코의 수입업자들은 물품 대금의 지불수단으로 신용도가 확실한, 페소화가 명시된 환어음을 지급했습니다. 라니엘 산하의 수출 기업들은 자국의 중앙은행을 통해어음을 자국 화폐로 할인했습니다. 즉 이 기업들은 멕시코 페소화로 예금을 보유한 동시에 자국 은행에 프랑화로 대출을 받은 것입니다. 이는 수상과 그의 가문이 프랑의 평가절하에 관심을 보인 이유가 이해되는 맥락이었습니다. 더군다나 이 사업에 오가는 자금은 엄청난 액수였습니다. 엄밀히 말해 멕시코 페소화로 예금을 보유하지 않고 프랑화 부채를 진다는 의미는 그들이 프랑스 프랑의 폭락을 염두에 둔 외환투기를 했다는 것입니다.

만사가 순조롭게 술술 풀려나가는 것 같았지만 별안간 등장한 위기에 건물 전체가 와르르 붕괴되고 말았습니다. 이 분야의 전문가인 재무 장관 에드가 포르Edgar Faure의 반대에 부딪쳐 환율 인하가 실현되지 않은 탓이었습니다. 여러 해가 지난 후 재무 장관은 이 사태와 관련하여 내게 "그저 그렇게까지 해야 할 필요성을 전혀 느끼지 못했습니다."라고 무덤덤하게 설명했습니다. (당시 그는 당연히 멕시코의 환어음에 대해 아는 것이 전혀 없었습니다. 그가 파악한 부분은 그저 프랑화의 하락을 강경하게 밀어붙이는 라니엘 수상의 강경한 주장뿐이었습니다.)

그 이후 훨씬 더 극적인 상황이 벌어졌습니다. 아무런 사전 경고도 없이 1952년 부활절 전 토요일, 멕시코 정부가 갑자기 35퍼센트 환율 인하를 선언한 것입니다. 수상과 그의 가문에서 보유한 페소화 예금이 곧장 35퍼센트 줄어든 반면 프랑화로 진 채무액은 안타깝게도 전혀 변하지 않았습니다. 그렇게 생긴 구멍이 너무나 큰 탓에 그것을 메우느라 마르지 않는 우물 같았던 가문의 재산이 전부 사라져버렸죠. 한 나라의 수장이 가문의 영화를 위해 자국 화폐 가치를 놓고 투기를 벌인 셈이니 그만큼 확실한 정보였을 것입니다. 그때 나는 내 자신에게 솔직히 물어보았죠. '만약 나 또한 라니엘 수상이 프랑화 평가절하를 놓고 투기를 벌인다는 정보를 사전에 알았더라면, 모든 내부자 정보는 다 틀리기 마련이라는 내 신념에도 불구하고 그 유혹에 빠지지 않았을까?' 하지만 정보란 늘 그렇습니다. 더욱이 지금이라면 그런 꾐에 절대 흔들리지 않는다고 자신할 수 있습니다.

그로스　　　　그 사건을 계기로 신념이 더 확고해졌겠네요. 선생님께서는 각 나라에서 시행하는 내부자 통제가 정말 실효성이 있다고 생각하십니까?

코스톨라니　　　　일반적으로 공표된 사건만 알고 있으므로 솔직히 대답하기 어려운 사항입니다. '내부자 정보란 무엇이고 또 내부자 정보가 아닌 것은 무엇인가?'라는 정의조차 내리기가 쉽지 않아요. 얼마 전 내부자 문제와 관련하여 프란츠 슈타인퀼러Franz Steinkühler 스캔들이 독일을 강타했습니다. 그의 범행이 발각되던 당시 독일에는 내부자 거래를 처벌할 규정이 딱히 없었습니다. 물론 지금은 관련 법규가 제정되어 있어요. 하지만 그 규정의 실효성 여부는 관련 정보와 수치가 비공개이므로 나 또한 확언할 수는 없습니다. 금속 노조 아이지 메탈IG Metall 의 임원진이었던 슈타인퀼러가 보유했던 정보는 내부자 정보 이상의 가치를 지닌 사업 기밀이었습니다. 나는 이러한 내부 정보들을 구분하는 데 나만의 강력한 기준이 있습니다. 당시 상황은 내부자 정보가 아닌, 사업 기밀로 구분 짓는 게 맞다고 생각합니다. 그것에 특이점이 있는 것이죠. 사업에 관여하지 않은 투자자가 우연한 계기를 통해 내부자 정보를 접하게 되는 상황과는 완전히 다른 거죠. 그 정보를 누군가에게 전하든 명백한 사업 기밀을 자신이 이용하든 말입니다. 프란츠 슈타인퀼러가 다임러 벤츠Daimler Benz 노동조합에서 맡은 직책은 감사부 임원이었습니다. 이 직책을 바탕으로 그는 내부 정보를 입수한 것뿐만 아니라 메르세데스 홀딩의 주주가 1:1 비율로 다임러 주식이 배당되는 결정이 내려지는 데 직접 참여했습니다. 그것으로 메르세데스 주식 1주당 약 80마르크의 수익이 발생했습니다. 근로자들이 새로 합병된 회사에서 1년에 몇 백 마르크를 더 받으려고 1주 이상의 파업을 강행하며 농성을 벌이는 동안 금속 노동조합장은 증권시장에서 단 며칠 만에 7만 마르크를 주머니에 챙겼습니다. 이 행태는 비윤리적인 것을 넘어 범죄라고 생각합니다.

만약 이런 스캔들이 프랑스, 영국 특히 미국에서 벌어졌다면 결코 그 자리에서 사퇴하는 것만으로 끝나지 않고 징역형을 선고받았을 것입니다. 그러므로 내부자 정보와 닿게 된다면 이러한 부류는 아닌지 잘 선별해야 합니다.

슈타인퀼러처럼 직위를 남용하여 시세에 영향을 미치는 정보에 직접 관여하는 행위는 엄연한 사기 행각입니다. 사업에 관련된 엄청난 펀드를 발견한 금광 조합의 임원이 먼저 주식을 잔뜩 매수한 후 언론에 해당 정보를 제공하는 것 또한 내부자 범죄에 속합니다.

만약 관계자가 아닌 상황에서 우연히 내부자 정보를 접하고 이용했다면, 이는 비윤리적이지 않습니다. 다만 내부자 정보를 쫓은 예전의 결과만 봐도 확실한 수익을 보장하는 길도 아닙니다. 내부자 정보대로 거래할 때마다 나는 뺨을 맞곤 했습니다. 그것도 눈앞에 별이 보일 정도로 강력한 따귀를 말입니다.

그로스　　　　　(웃음) 뺨을 맞아 본 경험을 공유해 주실 수 있을까요?

코스톨라니　　　그런 경험은 많지 않지만, 첫 경험만큼은 아주 강렬했습니다. 어릴 때 집에서였죠. 부모님의 양육 방식이 아주 엄격한 것은 아니었지만, 지금보다 성실함과 예의바름을 조금 더 강조하던 시절이었습니다. 아버지가 좀 더 엄격한 편이었습니다. 언젠가 함께 점심 식사를 하던 중에 우리 집에서 일하는 고용인에게 다소 버릇없이 "물"이라고만 말했을 때였죠. "주세요"라는 부탁을 빼먹은 순간 별안간 아버지에게서 손바닥이 날아왔어요. 아, 아버지께도 한 번 더 있군요.

파리에서 막 증권 공부를 시작하던 시절이었어요. 부다페스트 증권 중개인으로부터 전보를 통해 주식 100주 매수하라는 주문을 받았죠. 당시 상사는 주문자인 엠머리히 그로스를 잘 안다고 장담하는 내 말만 철썩같이 믿고 별다른 보장 없이 그대로 매수했습니다. 그런데 갑자기 시세가 급격히 떨어졌고, 외상 대금이 안타깝게도 계속 입금되지 않았어요. 주식이 폭락하고 손실이 수천 프랑으로 불어나자(현재 가치로 약 1만 마르크, 인터뷰 당시 기준으로 한화 약 450만 원) 상사는 더는 버티지 못하고 해당 주식을 매도하여 현금화한 후 재정적으로 본 손실을 내게 책임지게 했습니다.

반년 뒤 연휴를 맞아 부다페스트를 방문했습니다. 당연히 그때 연락도 없이 잠적한 엠머리히 그로스를 만나야겠다는 일념 하에 곧장 증권거래소로 달려갔습니다. 그를 만나면 비난을 퍼붓고, 필요하다면 한 대 칠 마음의 준비까지 한 상태였습니다.

그런데 증권 중개인은 아니지만 증권거래소에 종종 방문했던 아버지가 곁에서 이 싸움을 잠자코 지켜보다가 갑자기 살짝 내 따귀를 때리고는 말했습니다.

"이제 그만하고 집으로 가자꾸나!" 얼마나 충격적이었는지 훗날 부다페스트 일간지에서 이 일화를 신문에 실었습니다. 내가 기억하는 한 그 이후로 아버지에게 따귀를 맞아본 적은 없지만 증시에서 눈앞에 별이 보일 정도의 따귀를 여러 번 맞았죠.

3장

다양한 투자 방법 탐색

01

환전으로
주머니를 채우다

그로스　　　다시 부다페스트 시절로 돌아가서 이야기를 나눠볼까요. 선생님께서는 오스트리아-헝가리 제국 시절에 태어났을 뿐만 아니라 그 시절에 학교를 다니며 성장했습니다. 당시를 어떻게 기억하고 있는지 궁금합니다. 지금과는 사뭇 달랐을 것 같아서요.

코스톨라니　　　부다페스트에서 보낸 유년 시절은 매우 행복했습니다. 크게 심각한 질병에 걸린 적도 없었고 부유한 부모님 밑에서 항상 최고의 교육을 받았죠. 가톨릭계 김나지움을 졸업했는데요. 그곳에는 형편이 어려운 학생들이 있었습니다. 가난 때문에 잘사는 집 학우들에게 놀림의 대상이 되기도 했지만, 훗날 굉장한 커리어를 쌓았죠. 1948년 제2차 세계대전이 끝나고 처음으로 동창회에서 이 사실을 깨달았습니다. 기회 평등을 옹호하는 몇몇 사람의 주장처럼 외부 환경이 결정적인 역할을 하지 않았던 거죠. 그 밖에는 1919년 헝가리를 장악하려던 소련의 공세에 부모님과 함께 빈으로 망명했던 일이 유년 시절에 특별한 기억이라고 할 수 있을 것 같네요. 당시 소련은 헝가리 포로를 공산주의자로 교육시켰고, 그들에게 혁명을 주문하며 헝가리로 돌려보냈습니다. 카로이 미하이^{Mihály Károlyi} 총리가 정부를 이끌어가기에 세력이 너무 약화되었던 1919년 3월이었습니다. 부르주아 계급의 일원으로서 부모님은 도시를 떠나야만 했습니다. 그렇게 망명자들이 쏟아진 탓에 외환 암시장은 호황이었습니다. 그때만 해도 남아도는 시간이 많았던지라 외환 거래를 관찰했습니다. 그리고 얼마 지나지 않아 외환시장에서 매우 흥미로운 기회를 포착했습니다. 그러므로 내 증권거래 커리어는 이 14살 때부터 시작되었다고 감히 말할 수 있겠네요. 당시 빈은 중부 유럽 외환시장의 중간 허브였습니다. 새로 도입된 폴란드 마르크는 물론 체코의 코루나, 디나르(이라크, 요르단, 쿠웨이트, 튀니지 등의 화폐 단위) 등이 거래되었습니다. 나는 수중에 있는 화폐를 다른 화폐로 환전했습니다. 그렇게 서너 번 환전을 한 끝에 최종적으로 10퍼센트의 수익을 달성했습니다. 14살에 외환 딜러의 세계에 발을 담군 셈입니다. 그 이후로 때로는 적극적으로 또는 소극적으로 외환시장을 꾸준히 주시했습니다.

이것이 오늘날 내가 외환 분야만큼은 중앙은행 임원이자 수석 경제학자인 오트마르 이싱Ottmar Issing보다 더 잘 파악하고 있다고 주장하는 이유입니다. 내가 금융시장에서 두 번은 백만장자가 되고 두 번은 파산했던 그 시절에도 이싱은 태어나지도 않았으니 말입니다.

천만다행으로 공산주의자들은 그해 10월까지만 헝가리를 점령했습니다. 루마니아인들이 성공적으로 중재했기 때문이죠. 공산주의자들은 매우 강경한 우파 정부를 형성했습니다. 당시 그들의 최고 수령은 미클로시 호르티Miklós Horthy 장군이었습니다. 오늘날 그는 대단한 파시스트이자 나치로 묘사되고 있지만 실상은 그와 달랐다고 생각합니다. 나치 정권하에서도 그는 레오 폰 골드베르거라는 헝가리계 유대인과 계속 연락을 유지하고 있었는데요. 마침 골드베르거 씨 딸이 나와 좋은 친구 사이라서 이 이야기를 듣게 되었습니다. 골드베르거 씨 딸이 말하길, 호르티 장군이 종종 이렇게 말했다고 전했습니다. "레오, 적어도 내가 여기 있는 한 자네가 두려워할 것은 전혀 없다네." 하지만 얼마 지나지 않아 그렇게 확언했던 호르티 장군 또한 나치 군에게 숙청당했고, 불쌍한 골드베르거 씨는 정치범 수용소가 해방되기 불과 며칠 전에 사망하고 말았죠.

아무튼 우리는 1919년 다시 부다페스트에 돌아왔습니다. 귀환 길이 아직까지도 생생한 기억으로 남아 있습니다. 가장 오래 차를 탄 여정이었습니다. 우리는 두 번의 낮과 밤을 꼬박 달려 목적지인 부다페스트에 도착했습니다. 성능을 인증하는 보닛에 별이 박힌 고급차였지만 계속해서 타이어에 펑크가 났기 때문입니다. 어쨌거나 결국 우리는 집에 도착했습니다. 그 이후 나는 다시 학교에 다니기 시작했고 내 용돈으로 투자했던 첫 증권거래 체험으로 용돈 주머니도 두둑해져 있었죠.

그로스　　　　지금은 생각하기 힘든 일을 겪으셨어요. 전쟁이 터졌던 1914년에도 기억에 남은 일화가 있으실까요?

코스톨라니　　　　물론입니다. 1914년 6월 28일이 어제 일처럼 생생하게 떠오릅니다. 그날 몸이 좋지 않아 침대에 누워있었는데, 그때 그림형제의 동화를 읽어주던 어머니가 갑자기 벌떡 자리에서 일어나셨습니다. 정보 수신기가 지직거리며 소리를 냈기 때문입니다. 그 정보 수신기는 지금 라디오의 전신이라고 할 수 있죠. 여하튼 수신기에서는 아침 7시부터 자정까지 라디오 방송처럼 프로그램이 정해져 있었는데요. 뉴스, 의회 소식, 언론 발표, 콘서트, 오페라 등이 나왔죠. 케이블이 연결되어야지만 작동했고, 스피커가 없던 시절이므로 헤드폰을 연결해 들어야 했습니다. 그 정보 수신기에는 매우 커다란 장점이 있었는데요. 세계의 어딘가에서 중요한 일이 터지면 그 뉴스를 곧장 전파하기 위해서 시끄럽게 울렸습니다. 그리고 유독 그 일요일 오후에 정보 수신기가 시끄럽게 울려댔습니다. 마치 전달할 소식의 극적인 참상을 미리 경고하는 것처럼 말입니다. 자리에서 벌떡 일어난 어머니는 귀에 대고 그 내용을 듣다가 깜짝 놀란 목소리로 외쳤습니다. "오, 주여! 성모 마리아님! 왕세자와 세자빈이 살해당했다니!"

아직까지도 그 어린 시절의 기억이 스냅사진처럼 잊히지 않고 남아 있습니다.

이후 우리 가족은 마리엔바드로 휴가를 떠났습니다. 보헤미안 숲의 정중앙에 위치한 이 온천 휴양지에 있을 때만 해도 사람들은 그 사건의 여파가 어떻게 번질지 전혀 상상도 하지 못했습니다. 1914년 6월 28일의 총격 사건은 새로운 국면으로 이끌었고, 한편으로는 많은 국가의 외환과 외환시장에 새로운 지평을 열었습니다.

그 사건은 왕정 체제가 저물어가는 계기가 되었습니다. 사람들은 대참사가 일어나지 않을 거라 믿으며 평상시와 다름없는 생활을 영위하고 있었습니다. 그런데 휴양지 산책로에 군악대 소리가 울려 퍼졌고, 사람들은 빈, 베를린, 파리, 상트페테르부르크의 최근 소식에 대해 이야기하기 시작했습니다.

긴장감이 팽팽하게 이어지던 많은 날들이 흐르고 수많은 음모와 각서 교환 끝에 세계 전쟁이 발발했습니다. 이 소식에 공황 상태에 이른 휴양객들은 왕정 체제 휘하인 고국으로 제각각 흩어졌지요.

하지만 우리 가족과 헝가리에는 그렇게까지 악재인 것만은 아니었습니다. 농업을 통해 자급자족하던 헝가리는 항상 생필품이 충분했으므로 식량난을 우려할 필요가 없었기 때문입니다. 다만 집안에 있는 성인 남성은 모두 군대로 징병되었습니다. 당시 이미 나이가 많은 편인 우리 아버지는 제외됐지만, 장교 출신인 아버지의 형제는 군대의 부름을 받아 복귀해야 했습니다. 아버지는 사라예보 암살 사건 이후 만약을 대비하여 두 형들을 부다페스트로 불러들였습니다. 전쟁이 터지기 직전에 도착한 형들은 전선에 아주 잠시 복역하는 것에 그쳤습니다. 시의원으로서 맺은 인맥을 활용할 줄 알았던 아버지가 위험 지대에서 자신의 두 아들을 제외시키려고 힘껏 애쓴 덕분이었습니다. 그 문제로 우리 가족 내에서도 큰 논쟁이 벌어졌습니다. 우리 형들은 당시 젊은 청년들이 그랬던 것처럼 국가를 위해 최전선으로 가고 싶어 했습니다. 하지만 아버지는 형들의 의지에 설득당하기에는 지극히 이성적이었습니다. 우리 집안 전체로 보아도 전쟁에 남은 사람은 소수에 불과했습니다. 그중에서 특히 비상 대기 장교로 갈리시아의 도시 렘베르크에 주둔했던 사촌이 떠오릅니다. 당시 렘베르크는 유대인의 도시였습니다. 평소 사촌은 렘베르크에 사는 유대인과 관련하여 굉장한 이야기를 들려주곤 했습니다. 예컨대 셰익스피어의 〈사랑의 헛수고〉가 공연된 극장에 유대인이 집필한 작품 〈멜론과 브로치〉가 올랐다고 했습니다. 그 말에 우리는 그저 허탈한 웃음을 지을 뿐이었습니다. 당시 헝가리에 사는 유대인은 러시아의 공습으로 부다페스트로 넘어온 갈리시아의 유대인 때문에 안녕하지 못했습니다. 부다페스트 유대인은 자신을 유대인이 아니라 헝가리인인 마자르인으로 여겼기 때문입니다. 1930년대 독일에서 피난 온 독일계 유대인에게 프랑스의 유대인이 그랬던 것처럼 말입니다. 이는 단순히 이기심 때문이 아니라 유대인 망명자로 인해 생길 수도 있는 반유대주의 감정이 빠르게 확산될까 우려했던 것입니다. 그리고 이러한 불안은 안타깝게도 매우 잘 들어맞았습니다.

달러에 대한
확신

그로스   선생님, 전쟁이 터진 후 헝가리인의 반응들
을 기억하십니까?

코스톨라니   네, 기억납니다. 당시 엄청난 환호성이 터져
나오는 축제 분위기가 조성됐습니다. 많은 인파가 거리로 뛰쳐
나와 연신 환호했습니다. "전쟁 만세!", "세르비아인들은 죽어야
마땅하지!", "프란츠 요제프 1세 만세!", "빌헬름 2세 만세!", "빅
토르 에마뉘엘 3세 만세!", "아흐마드 (아마 4세였을 거예요) 만세!"
등을 연호했습니다. 프란츠 요제프와 빌헬름은 소위 3자 동맹

의 군주였지만 이탈리아의 빅토르 에마뉘엘은 마지막 순간에 적군으로 돌아서며 냉랭한 태도를 취했습니다. 그렇게 헝가리 국민의 환호성은 수일 동안 이어졌습니다. 그리고 몇 달 뒤 정부는 국민에게 여러 요구를 했습니다. 그중 하나가 애국심을 담보로 한 금붙이 기부였죠. '강철을 위한 금'이 이때 정부가 강조하던 슬로건이었습니다. 남자, 여자 할 것 없이 사람들은 결혼반지까지 기부하며 그 보상으로 'pro patria(조국을 위하여)'라고 각인된 철 반지를 받았죠.

그로스　　　　　그런데요, 선생님. 그런 일은 이미 나폴레옹 전쟁 시절부터 있지 않았던가요?

코스톨라니　　　　그때도 그런 일이 있었어요? 그건 미처 몰랐네요. 덕분에 알게 되었습니다. 그 시절 런던에서 막 경제학 공부를 마치고 돌아온 큰형 엠머리히에게 다음과 같이 물었습니다.

"형, 사람들이 금덩이를 기부하는 이유가 뭐야?"

형은 어린 동생에게 짧은 강연을 하게 된 그 상황이 무척 기쁜 것 같았죠. 그리고 몹시 유쾌한 표정으로 금이 있으면 정부가 그것을 달러로 바꿀 수 있기 때문이라고 설명해 주었습니다.

"그러면 달러로 뭘 하는데?"

"미국의 통화 달러가 있으면 그것으로 원자재, 무기 등 전쟁 물자를 살 수 있어. 그리고 위급 시에는 중립적이고 안전한 미국으로 이주할 수 있지."

그때 '달러'라는 통화 개념을 처음 알았습니다. 그렇게 내 투자의 성공 및 실패는 물론이고 수십만 명의 투자자, 외환 딜러들에게 매우 중요한 달러와 처음 조우했습니다. 지금까지도 달러가 세계 경제에 미치는 영향에 대해서는 끊임없이 논쟁이 이어지고 있죠.

"달러로 뭘 하는데 그러지?" 나는 이 질문의 답을 70년 전에 깨달았죠. 그 중요도가 급상승할 때도, 또 미미할 때도 있었지만 지난 수십 년간 경제사의 주축이 된 주제인 것만은 확실합니다.

그로스 　　　　네, 선생님께서는 달러로 무엇을 할 수 있는지 매일 그 답을 알려주고 있어요.

코스톨라니 　　(웃음) 심지어 《그리고 달러로 뭘 하지?und was macht der Dollar?》라는 제목의 책도 집필했죠.

그로스　　　선생님께서는 달러가 이 지구상에서 가장 안정적인 통화 중 하나라고 강조하며 항상 미국 경제를 신뢰하라는 입장이신 거죠?

코스톨라니　　　그렇습니다. 달러에 대한 내 신뢰는 미국 생활을 하는 동안 확고해졌어요. 나는 진주만 공습이 있던 날부터 '승리의 날'까지 미국에 머물렀습니다. 그 시절 미국이 보유한 잠재력과 힘을 매일 체험했습니다. 미국에서 전쟁이 터지던 날의 기억은 사라예보의 피습 사건만큼이나 생생합니다. 다만 그 소식을 자동차에 앉아 라디오에서 들었지만 말입니다. 공식적으로 일본과의 전시 체제를 선언하는 루즈벨트 미국 대통령의 연설도 들었지요.

　미국은 진주만 공습만큼이나 깜짝 놀랄 방식으로 국가와 경제를 전시에 맞춰 가며 전쟁을 준비했습니다. 새로운 일상생활에 적응하는 데 도움을 줄 다양한 위원회가 설립되었습니다. 법령이 또 다른 법령 너머로 연달아 제정되었고, 산업 부문은 전쟁에 최적화된 방향으로 재편성되었습니다. 절약해야 한다는 이유로 여러 상품의 생산이 중단됐습니다. 이를테면 만년필, 휴대용 라디오, 개인 용도의 타자기 등이 전시 기간 내내 생산을 멈췄습니다. 동시에 소비자들에게도 매우 파격적이고 새로운 방식의 업계 광고를 통해 절약을 종용했습니다. 당시 제너럴모터스에서 후원한 NBC 콘서트에 방영되던 제너럴모터스 광고를 지금도 생생히 기억하고 있습니다. 매주 일요일 오후 유명 지휘자 아르투로 토스카니니Arturo Toscanini가 지휘하는 콘서트를 청취하기 위해 수백만 명의 청취자들이 라디오 앞에 앉은 그때 라디오에서는 다음과 같은 광고 방송이 흘러나왔어요.

"언제나 더 많은 사람들을 위해 보다 많은 제품의 생산을 목표로 하는 제너럴모터스가 있습니다. 하지만 오늘은 우리 비즈니스에도 전쟁이 선포된 날입니다 그러므로 우리는 우리 국민들에게 더 절약할 것을 요청합니다."

산업계는 광고를 통해 자사 제품을 구매하지 말 것을 대중에게 요청했습니다. 원칙적으로는 정말 상상하지도 못할 일이죠. 이렇듯 비상사태 선포 후 나타난 국가와 산업계의 단결은 미국이 지닌 강점의 일부였습니다. 그리고 이런 강점은 지금까지 계속 이어지고 있습니다. 예컨대 미국의 소형 은행이 재정적 어려움에 빠지면 이를 조율하는 관련 위원회는 J. P. 모건이나 체이스맨하튼 같은 대형 금융기관에 위기에 처한 은행의 인수를 요청했고, 그렇게 문제가 해결되곤 했습니다.

제2차 세계대전 내내 유럽인들이 배꼽을 잡고 웃게 만들었던 가장 우스꽝스러운 미국의 조치는 섬유산업 부문에서 비롯되었습니다. 관할 위원회는 서구에 더는 더블버튼이 달린 양복을 공급하지 말고 원버튼 양복의 수출만을 허용했습니다. 이어 양복바지의 겹단 마감도 금지되었습니다. 하지만 그것으로는 충분하지 않았는지 양복바지에는 더 많은 추가 제한 사항을 더했습니다. 아무튼 그런 이유로 양복바지의 주름이 사라졌죠. 천만다행이라면 내 옷을 지어주던 재단사는 평소 솜씨가 매우 뛰어나서, 전쟁이 끝난 뒤에 다시 손을 볼 수 있도록 바지 주름을 눈에 띄지 않게 슬쩍 감춰주었습니다.

제2차 세계대전 내내 뉴욕에 넘쳐났던 우리 유럽인들은 카페에 모여 새로운 조치가 나올 때마다 그에 대해 논의했습니다. 우리는 이런 조치에 웃어야 할지 울어야 할지 알 수가 없었습니다. 이러한 조치의 목적을 전혀 납득하지 못했기 때문입니다. 바짓단의 주름을 포기하는 것이 히틀러의 군대를 물리치는 것과 어떤 연관성이 있다는 걸까요? 지금은 매우 중요한 덕목으로 평가받는 동시에 경제학자들과 정치인들에게 부족하다고 생각되는 선견지명이 당시 우리에게도 부재했던 겁니다. 그로부터 딱 1년 뒤 미국 산업계는 날마다 항공기, 항공모함, 장갑차를 수천 기씩 생산해 냈고, 오늘날 우리가 알고 있는 것처럼 핵폭탄 실험에 뛰어들었습니다.

그로스　　　　　　독일과는 정반대의 상황이던 것 같습니다. 독일은 제2차 세계대전 당시 군사 동원이 제대로 이뤄지지 않았고, 그러한 안건 자체가 없었습니다. 나치는 언제나 완전한 것을 추구했지만, 전쟁 측면에서는 완벽한 준비를 하지 못했다고 평할 수 있습니다. 다시 어린 시절로 되돌아가 볼까요? 부다페스트에서 파리로 향하던 그 시절 선생님께서는 독일인 가정 교사로부터 독일어를 배운 상태였지요?

코스톨라니　　　　그렇습니다. 이미 그때는 독일어를 매우 능숙하게 구사할 수 있었습니다.

그로스　　　　　　프랑스어와 영어에도 능통했나요?

코스톨라니　　　　능통하지는 않았지만 프랑스어와 영어도 소피 선생님에게 어느 정도 배운 상태였습니다. 프랑스어 같은 경우는 프랑스로 떠나기 직전 별도로 몇 번 강습을 받았습니다. 반면 영어는 다소 빈약한 편이었지만 미국에 피난을 가면서 완벽해졌다고 할 수 있습니다. 당시에 하루 종일 라디오를 청취한 것이 큰 도움이 되었습니다.

그로스   어떤 이동수단을 통해 파리로 갔나요? 그리고 정확히 언제였을까요?

코스톨라니   바야흐로 1924년이었습니다. 바젤을 경유하는 기차를 타고 파리에 도착했습니다. 말했듯이 가정 교사였던 소피 선생님은 정말이지, 프랑스인들을 몹시 싫어했습니다. "이 돼지 같은 프랑스 놈들, 이 돼먹지 못한 상놈들……"등의 표현을 서슴치 않았죠.

하지만 나는 그런 소피의 욕설에 별 영향을 받지 않았습니다. 어렸기 때문이지 않나 싶습니다. 폴란드의 슈체친에서 독일 바트제킹엔까지 이어진 3개월간의 고등학교 졸업 여행 내내 만연한 프랑스인에 대한 반감을 직접 체험할 수 있었습니다. 예컨대 뮌헨의 알테피나코테크 미술관 그리고 기술 박물관 입구마다 '프랑스인 및 벨기에인 입장 금지'라는 표지판이 세워져 있었습니다. 바젤로 향하는 기차가 국경에 도착한 뒤 프랑스 세관원이 탑승하는 모습을 보며 순간 이러다 무슨 사건이 벌어지는 것은 아닌지 속으로 걱정했을 정도였어요. 그때까지 사람들이 얘기한 것을 바탕으로 생각하면 프랑스인들이 무턱대고 화를 낼 것만 같았기 때문입니다. 하지만 곧 프랑스인들도 매우 평범한 사람들이라는 것을 깨달았죠. 그저 나처럼 눈, 코, 입이 달린 사람이었던 것입니다. 더군다나 매우 친절했습니다. 그제야 한결 마음이 차분해지면서 안심할 수 있었습니다. 파리에서 하차한 다음에도 프랑스인들을 관찰해 보니, 달리 불편할 만한 모습을 찾지 못했습니다. 하지만 반독일 분위기는 느껴졌습니다. 프랑스인들도 '독일'이라는 말 자체를 입 밖으로 꺼내지 않았죠. 프랑스인들은 독일인을 그저 '레 보셰les boches(독일인을 경멸하는 속어)'라고 지칭했습니다. 언젠가 오스트리아인과 체코슬로바키아인을 카페에서 만난 적이 있습니다. 우리는 독일어로 대화를 나누고 있었는데, 갑자기 우리 테이블로 다가온 한 프랑스인이 분노한 음성으로 외쳤습니다. "어서 나가요! 여기에서 보셰 사용은 금지입니다!"

그 시절 프랑스의 분위기는 그랬습니다. 서로 이를 갈며 적대하던 두 국민의 화해가 화두로 떠오르면, 나는 프랑스인과 독일인들이 서로에게 보이던 증오심이 떠올랐습니다.

그로스　　　　　지금은 어떤가요? 당시하고 분위기가 많이 다르지요?

코스톨라니　　　　네, 그렇습니다. 현재 우리 집에서 그리 멀지 않은 곳에 파리에서 가장 아름다운 거리가 있는데요. 바로 콘라트 아데나워(독일의 정치인) 광장입니다. 400년간 지속된 적개심은 단 몇 년 만에 우정이라는 이름으로 탈바꿈했습니다. 종종 아데나워와 드 골의 자동차가 샹젤리제를 함께 달리는 모습을 목격했습니다. 과거 팽배했던 적개심을 체험한 사람만이 지금 독일인과 프랑스인 사이의 합의가 얼마나 대단한 일인지 제대로 평가할 수 있을 것입니다.

이러한 사례를 너무 잘 알고 있어서인지 나는 동구와 서구의 갈등 완화 문제에도 낙천적인 편입니다. 언젠가 이스라엘 수상 벤 구리온David Ben Gurion이 말했듯 "기적을 믿지 않는 사람은 현실주의자가 아닙니다".

03

인플레이션
공포

그로스　　　　　당시 유럽은 인플레이션이 매우 높았습니다. 선생님도 인플레이션에 관한 특별한 경험이 있을 테지요?

코스톨라니　　　　물론 그렇습니다. 인플레이션은 모두에게 영향을 미칩니다. 앞서 언급했던 고교 졸업 여행 내내 독일에서 최악의 형태로 그 여파를 경험했습니다. 나는 눈앞에서 화폐 가치 하락으로 인한 결과를 지켜볼 수 있었습니다. 당장 아침에 1만 마르크였던 바지가 저녁이면 5만 마르크로 훌쩍 뛰었습니다. 당시 아버지는 여행 경비로, 1달러 지폐로 바꾼 500달러를 주셨습니다. 그리고 하루에 1달러만 환전하라는 엄격한 지시를 내리셨죠. 바로 그다음 날 달러가 얼마나 오를지 아무도 장담할 수 없었기 때문입니다. 당시 금리는 주당 20퍼센트에 달했습니다. 당시 유행하던 농담으로 이런 말이 있었습니다. 사람들이 더 이상 전차를 타지 않고 택시를 탄다는 것이었는데요. 그 이유가 택시는 전차처럼 타자마자 요금을 내지 않고 내릴 때 지불하기 때문입니다. 몹시 서글픈 상황이 아닐 수 없었습니다. 새로운 제국 마르크(독일의 옛 화폐 단위)를 계속 찍어내려면 얼마나 많은 인쇄소가 밤새 돌아가야 하는지 가늠하기 어려울 정도였다고 합니다.

그로스   독일에서 겪은 엄청난 인플레이션의 경험은 독일인의 마음에 지워지지 않는 상흔을 남겼습니다. 그 이후로 독일 정치를 좌우하는 영구적인 인플레이션 공포가 형성되었죠. 하지만 선생님께서는 이런 불안감에 크게 동요하지 않았던 것으로 보이는데요. 제가 기억하기로는 〈캐피탈〉지에 이러한 인플레이션 공포를 주제로 여러 차례 칼럼을 쓴 것으로 알고 있습니다. 그때마다 독일 중앙은행이 마르크의 안정성을 위해 개입하는 정책을 신랄하게 비판했습니다. 인플레이션이 최악의 재해가 아니라는 생각을 하게 된 배경에 대해 설명해 주시겠습니까?

코스톨라니　　　　네, 그러죠. 급격한 인플레이션의 여파는 매우 참혹합니다. 그럼에도 두 번의 극심한 인플레이션을 일으킨 제한적인 금융 정책에 투표한 사람들은, 아마 두 번 치른 전쟁의 패배로 수많은 재화들이 파괴됐지만 돈은 그대로라는 사실을 망각한 것으로 보입니다. 1970년대의 인플레이션 또한 두 번의 오일쇼크라는 외부 동인에 의해 일어났습니다. 아직까지는 다소 느슨한 금융 정책에 의한 파괴적인 인플레이션이 발생하지는 않았죠.

알다시피 나는 몇 년 전부터 과도할 정도로 시세를 제한하는 독일 중앙은행의 행보를 매우 거칠게 비판하고 있습니다. 수십만 명의 실업자들은 전 중앙은행 총재 헬무트 슐레징어Helmut Schlesinger에게 감사해야 할 것입니다. 그가 은퇴하였을 때 나는 슈트라우스의 〈장미의 기사〉(휴고 폰 호프만스탈Hugo Von Hofmannsthal 의 대본)에 나오는 한 구절을 인용했습니다. "저 교만하고 나쁜 놈이 드디어 떠나네." 하지만 유감스럽게도 수석 경제학자 오트마르 이싱을 비롯한 현 중앙은행 총재는 그때와 동일한 정책을 펼치고 있습니다. 헬무트 콜Helmut Kohl과 테오 바이겔Theo Waigel 은 이싱에게만큼은 무한한 예스맨이었습니다. 아마 인플레이션이 거의 없는 것이나 마찬가지였던 상황에서도 그들은 "수술은 잘 되었지만 환자는 죽었다."고 말했을 것입니다.

우리에게 필요한 것은 완만한 인플레이션입니다. 지금까지 전 세계가 온통 빚더미였습니다. 이는 우리가 잘 알고 있는 사실입니다. 사람들은 그러면 부채는 어떻게 되는 거냐고 내게 자주 질문합니다. 그럴 때마다 나는 "아무 일도 일어나지 않습니다." 라고 대답합니다. 부채는 완만한 인플레이션을 통해 서서히 평가절하됩니다.

그로스   달리 말하면 부채는 그것을 전혀 사용하지 않은 사람들이 갚아야 한다는 말이 됩니다.

코스톨라니   그렇습니다. 그러므로 부채를 진 사람들은 그것을 책임지게 될 다음 세대를 위해 무언가를 남겨야 합니다. 국가 발전, 기술, 사회 기반 시설 그리고 지식을 위한 토대를 다음 세대를 위해 마련하고 상속해야 합니다. 그 밖에도 경제 활성화를 위해 소소한 화폐 가치의 하락을 통한 자극도 고려해야 합니다. 하루에 와인 한 잔이나 담배 두세 개피는 사람의 기분을 고무시킵니다. 심지어 내 주치의는 레드와인 두 잔을 매일 마시라고 권고합니다. 다만 줄담배를 피우거나 알코올 중독에 빠질 때까지 술을 퍼마시는 것만큼은 금물입니다. 이러한 상황에서 제로(0) 인플레이션이란 개념은 난센스이며, 독일의 두 번째 경제 기적은 이러한 안정성이라는 우상 숭배에서 벗어날 때까지 기다려야 할 것입니다.

한때 프랑스도 마찬가지였습니다. 화폐의 환율 변동이 자유롭지 못했고, 금값에 매여 있었습니다. 중앙은행은 통화량에 해당하는 정화준비正貨準備(정부나 발권 은행이 지폐 또는 은행권을 태환하기 위하여 정화를 보유하는 일)를 위하여 정화(금, 은화 및 금괴)부터 해결해야 했습니다. 금 보유량이 충분해야지만 통화량을 늘릴 수 있었습니다. 그 결과 금값은 계속 천정부지로 치솟았고 이러한 통화 체제에 참여한 국가들은 금 보유고를 두고 계속해서 각축을 벌였습니다. 비스마르크Bismarck 수상은 금 본위, 즉 화폐의 정화 준비를 두고 이런 말을 했습니다. "두 사람이 이불 하나를 두고 서로 덮으려고 자기 쪽으로 잡아당기는 것 같다." 매우 영리한 정의가 아닐 수 없습니다. 이는 비스마르크가 경제전문가가 아니었기에 가능한 표현이었을 것입니다.

이 시절 프랑스인들은 황금 숭배자가 되었습니다. 그들은 온통 금에만 혈안이 되어 있었습니다. 예금자들도 정부와 똑같았죠. 그들은 저축으로 모은 종잣돈을 몽땅 나폴레옹 주화와 골드바에 투자했습니다. 금 본위 체제가 마침내 역사 속으로 사라진 뒤에야 경제가 번영하기 시작했습니다. 그 이후 금은 평범한 상품으로 전락했고, 사람들은 다시 주식과 경제에 투자했습니다. 그 이후로 프랑스에는 놀라운 일이 벌어졌습니다. 프랑스의 지성이 진가를 발휘하기 시작한 것입니다. 프랑스인들은 매우 높은 지성을 지닌 민족으로 하류 계층까지도 매우 이성적이었습니다.

프랑스인들은 우선 낙후된 사회 기반 시설을 개선하며 확연한 우위를 선점했습니다. 프랑스의 고속 열차 떼제베TGV, Train à Grande Vitesse는 독일의 이체에ICE, Inter City Express보다 무려 10년 전에 설비되었고 현재 전 세계 곳곳에서 예매가 가능합니다.

과거에 파리에서 전화선을 신청하면 설치까지 약 반년이 걸렸습니다. 그래서 전화가 설치된 집의 가치는 두 배였습니다. 하지만 지금은 전화선을 신청한 날 당장 설치가 가능하죠. 반면 뮌헨에서는 여전히 14일을 대기해야 합니다. 이 모든 변화가 금본위를 버린 이후 생겨났습니다.

그로스　　　　　그러나 여전히 금에 대한 의존도는 존재합니다. 프랑스에 비해 뒤처져 있다는 선생님의 판단은 무엇에서 기인하는 것인가요?

코스톨라니　　　　그것은 독일 중앙은행이 펼치는 금융 정책이 디플레이션을 지향하기 때문입니다. 금 본위는 해당 국가에

디플레이션 정책을 강요합니다. 예컨대 화폐 가치가 약해지면 중앙은행은 금리를 올리고 금 보유고를 풀어 자국 통화를 매점해야 합니다.

물론 금 본위나 다른 통화 체제를 강요받지 않는 중앙은행은 디플레이션 정책을 채택할 수 있습니다. 그리고 독일 중앙은행이 바로 그러한 경우입니다. 그들은 이를테면 마르크의 가치가 높아지면 수입 가격이 떨어지므로 이득이라고 믿었습니다. 독일처럼 수출 비중이 높은 국가의 경우 정말 말도 안 되는 난센스가 아닐 수 없습니다. 낮은 비용으로 수입하여 버는 수익에 비해 수출업자 입장에서 훨씬 더 많은 손실이 생기기 때문입니다.

4장

누가 투자를 해야 하나

01

돈이 없는 사람은
무조건 투자해야 한다

그로스　　　　막 파리에 도착한 청년 코스톨라니는 곧장 알렉산더 씨의 회사에 들어간 것인가요?

코스톨라니　　　그렇지 않아요. 도착하자마자 몇몇 브로커 사무소의 입사 추천을 받았지만 1년 중 가장 아름다운 8월에 도착했기에, 수습 기간을 시작하기 전에 파리를 만끽해 보고 싶었습니다. 처음 파리에 도착하던 날을 아직까지도 생생하게 기억합니다. 물론 당시 내 프랑스어는 완벽하지 못했습니다. 파리 동역Gare de l'Est에 도착한 순간 거의 아무 말도 알아들을 수 없었습니다. 프랑스인들의 말이 너무 빨랐기 때문입니다.

현재 95세의 나이로 마르벨라에 거주하며 하루 온종일 체스를 두는 것이 낙인 내 사촌 에띠엔 팔로가 당시 파리에 2년째 거주하던 중이었죠. 에띠엔은 아버지에게 나를 잘 돌봐주겠다고 약속했답니다. 마중을 나온 에띠엔은 호텔을 찾으려면 어디로 가야 할지에 대해 아주 간략히 설명했습니다. 내가 가려는 호텔은 라틴 지구에 있었습니다. 나는 그곳으로 가는 전차 안에서 우연히 헝가리 화가와 마주쳤습니다. 그 역시 파리에 도착한 첫날이었고 나처럼 투숙할 호텔을 찾고 있었습니다. 그는 가진 돈이 얼마 되지 않아서 저렴한 여인숙을 잡아야 한다고 말했죠. 반면 나는 운이 좋게도 제대로 된 호텔방을 얻기에 충분한 돈을 아버지에게 받았습니다. 르 고프 거리Rue le Goff에 위치한 브레실 호텔Hotel du Brésil은 망사르드 지붕(프랑스의 건축가 망사르Mansart, F.가 고안한 지붕으로 보통 아래 지붕에 채광창을 내어 다락방으로 쓰임)에 낸 채광창이 돋보이는 호텔로 외관이 매우 근사했습니다. 이 호텔을 선택하게 된 계기는 호텔 앞에 세워진 표지판 때문입니다. 표지판에는 투숙객 중 지그문트 프로이트Sigmund Freud도 이곳에서 머물렀다고 적혀 있었습니다. 그 밖에도 호텔 주인에게서 헝가리 출신의 유명 작가이지만 스페인식 이름을 지닌 오를란도 아세르티스Orlando Asertis 또한 이곳에서 수년을 머물렀다는 이야기를 들었습니다. 그런 사연들이 그곳에 더 정감을 느끼게 만들었어요. 내가 투숙한 방의 숙박료는 월에 200프랑이었습니다. 달러로 환산하면 15불 정도에 해당하는 금액이었습니다. 당시 1달러는 현재 30달러 가치에 준했습니다. 하지만 굳이 그때 지불한 금액이 현재 가치로 얼마나 될지 정확히 계산하고 싶지는 않아요.

그 시절 단순 노동의 기본급은 월급으로 1,000프랑 정도였습니다. 그 정도의 금액을 아버지에게 지원받고 있었고, 형 벨라도 별도로 500프랑을 송금해 주었습니다. 오전에 어느 정도 짐을 풀고 난 후 난 호텔에서 몇 걸음 거리에 있는 '줄리엔' 레스토랑에서 점심 식사를 했습니다. 3.5프랑을 내면 빵과 레드와인을 무제한으로 제공했던 식당입니다. 내가 테라스에 앉자 (이날은 8월 30일이었어요) 세련된 복장을 하고 키가 좀 작은 신사 한 명이 테라스 옆을 지나가는 모습이 보였습니다. 그 신사분은 가던 길을 멈춰 서고는 내게 시선을 고정한 채 물었습니다.

"혹시 라조스(아버지의 이름)의 아들인가?"

알고 보니 세련된 차림의 그 노신사는 파리에서 거주한 지 오래된 아버지의 옛 친구였습니다. 우연히 길을 걷다 아버지와 똑 닮은 내 모습을 보고 아버지 아들이라는 것을 알아본 것이지요. 솔직히 나는 아버지와 얼굴이 붕어빵처럼 닮았거든요. 지금도 거울을 보면 아버지의 얼굴이 보입니다. 그렇게 파리에 도착한 첫날부터 아버지의 오랜 친구인 샤를 체르브와 친구가 되었습니다. 나는 그가 세상을 떠나는 날까지 꾸준히 연락을 주고받았죠.

점심 식사를 마친 후 나는 지하철을 타고 오페라역에서 하차했습니다. 바로 그 뒤에 세계적으로 명성이 자자한 상품 거래소 갤러리 라파예트Galeries Lafayette가 있었기 때문입니다. 길거리에는 여름 상품 바겐세일이 한창이었습니다. 상품이 놓인 탁자 주변으로 인파가 북적이는 모습은 가난한 부다페스트에서 온 청년에게 매우 인상적인 광경이었습니다. 파리에서 가장 으뜸인 거리로 지금은 포시 거리Avenue Foch로 명칭이 바뀐 보아드불로뉴 거리Avenue Bois du Boulogne에는 아직까지도 상업 시설이나 카페가 아예 없습니다. 창가에 블라인드가 쳐진 대저택이 아직 잠들어 있는 시기였습니다. 휴가철이 끝나지 않은 탓에 그곳에 거주하는 상류층은 대부분 여행 중이었습니다. 나중에 나 또한 그곳의 주민이 되는, 전 세계에서 가장 아름답다 칭할 이 거리는 일요일마다 내가 즐겨 다니던 산책로였습니다. 그렇게 내 첫날을 마무리하고 저녁쯤 다시 호텔로 돌아와 새로운 인생이 시작되었다는 것을 깨달았죠. 그때 내 나이는 18살이었고 파리와 세상을 알아가고 싶은 의지와 열정으로 가득했습니다.

나는 처음 몇 주 동안 파리의 곳곳을 누비고 다녔어요. 부다페스트의 생활과는 비교조차 할 수 없었습니다. 파리는 내가 알고 싶었던 사치, 향략, 향연으로 가득한 세계를 의미했습니다. 나는 또한 파리에서 관람한 연극에 매료되었습니다.

세련된 여성들이 폴 푸아레Paul Poiret(패션의 왕이라고 불리던 프랑스 디자이너)가 디자인한 멋진 의상을 한껏 뽐내려고 롱샹Longchamp과 오퇴유Auteuil 경마장을 방문했습니다. 당시 소위 잘 나가는 사람이었던 유명 디자이너 푸아레는 센느강에 띄운 요트에서 사회 고위층인 지인들을 맞이했고, 그다음 날 동이 틀 때까지 배 위에서 뉴올리언스에서 새로 발표된 신곡들을 연주했습니다. 샹젤리제에는 영화관이 없었지만 다른 거리에는 찰리 채플린Chalie Chaplin의 영화와 미국의 더글러스 페어뱅스Douglas Fairbanks가 출연한 〈바그다드의 도둑〉을 보려는 사람들이 줄지어 섰습니다. 상류층이 집결하는 장소였던 상젤리제에는 오직 최고급 의상점, 자동차 판매점만이 있었으며 카페도 고작 두 곳밖에 없었습니다. 카페 푸케Café Fouquets와 크지 않지만 여전히 내 단골 카페인 카페 셀렉트Café Select가 전부였습니다. 카페 셀렉트는 파리에 거주하는 미국 지성인들이 모이는 만남의 장소였습니다. 당시 그들은 소설에 시민의 언어를 사용하며 독자들과 친밀감을 쌓으려 했습니다. 따라서 몽마르트르의 중심에 있는 번화가 피갈의 바에서 사람들과 어울리며 이를 대비했습니다. 그러다가 늦은 저녁이 되면 유명 스타인 모리스 슈발리에 Maurice Chevalier가 부른 시사 풍조 신곡인 〈발렌틴Valentine〉을 콧노래로 흥얼거리며 만찬을 들기 위해 레스토랑 막심스MAXIM'S 으로 향했습니다. 아니면 카페 웨버 Café Weber에 남아 새로 출시된 자동차 모델이나 그 시절 가장 유명한 뮤지컬 스타이자 슈발리에의 연인이었던 미스팅게트Mistinguett의 몸매에 대해 이야기하는 등 시시콜콜 대화를 나눴죠.

카페의 단골이 되면서 사람들의 이러한 행동을 흠모했고 차츰 몽파르나스Montparnasse에서 사람들과 어울리기 시작했습니다. 그러다 보니 외로울 시간이 조금도 없었습니다. 세계 어디에나 헝가리인들이 있었기에 그들과 빠르게 친분을 쌓았죠. 파리에 도착한 지 며칠 지나지 않아 카페 르 돔Café le Dôme과 카페 드 라 로툰드Café de la Rotunde를 방문했습니다. 그곳에서 러시아 무리와 마주쳤는데요. 훗날 괴승 라스푸틴Grigori Yefimovich Rasputin을 죽인 사람이 누구였는지도 이들에게서 들었습니다. 바로 러시아 황족이었던 유스포프 공작이었다고 합니다.

그 밖에도 부다페스트에서 나를 보러온 사람들이 많았습니다. 대부분 아버지의 지인들이었습니다. 당시 파리는 지금만큼이나 사람들에게 커다란 매력으로 다가왔습니다. 나를 가장 많이 찾아왔던 지인들 중 새미 보로스Sammy Boros라는 아버지의 친구가 있었습니다. 여러모로 잊을 수 없는, 아마 영원히 기억할 그는 잘생긴 편은 아니었습니다. 그를 볼 때마다 이태리의 시인 살바토레 콰지모도Salvatore Quasimodo가 떠올랐을 정도죠. 하지만 그리 아름답지 못한 외모로 인해 그가 커리어에 영향을 받는 일은 없었던 것으로 보입니다. 제1차 세계대전이 터지기 17년 전부터 새미는 파리에서 헝가리 정부의 비밀요원으로 활동했습니다. 당시 헝가리는 오스트리아-헝가리 제국에서 파견한 대사를 통해 외교가 가능했으므로 비밀요원은 단 한 명뿐이었다고 새미 보로스가 말했습니다. 종전 후 그는 왕좌에서 내려온 카를 폰 합스부르크 황제(오토 폰 합스부르크Otto von Habsburg의 아버지)의 복권을 추진하던 헝가리 귀족 정치주의자들의 중재자로 활동했습니다. 새미는 말하자면 헝가리와 카를 폰 합스부르크가 유배된 마데이라Madeira제도의 특사였습니다. 새미는 파리에 들를 때마다 나와 만났습니다. 그는 뽐낼 줄 알았던 사람이었기에 함께하는 저녁 시간은 내내 즐거웠지요. 유명한 미인에 대해 이야기를 나눌 때마다 이 땅딸보 양반은 속삭였습니다. "그녀가 바로 내 애인이었다네." 그런데 심지어 그중 일부는 사실이었습니다. 전쟁이 터지기 전부터 새미는 프랑스의 레지옹 도뇌르 훈장(프랑스 최고의 훈장)을 수여받은 기사였습니다. 이런 배경이 아니었다면 애초에 프랑스의 유명 인사들과 친밀한 관계를 맺기 힘들었겠지요.

나는 진정한 몽파르나스인으로 거듭나고 있었습니다. 매일 저녁마다 몽파르나스로 향했습니다. 처음에는 카페 르 돔에 들렀다가 시간이 늦어지면 자키 클럽Jocky Club으로 향했습니다. 자키 클럽은 작은 흑인 피아노 연주자와 콘트라베이스 연주자 그리고 쿠바에서 온 기타리스트가 함께 공연을 하는 나이트클럽이었습니다. 그리고 당시 명성이 자자했던 여가수 키키가 노래를 불렀죠. 그녀의 노래 실력은 대단했습니다. 사실 외모가 그리 뛰어난 것은 아니었지만 키키는 몽파르나스에서 가장 사랑받는 가수였답니다. 조금 더 시간이 흐른 뒤에는 거의 매일 밤마다 자키 클럽을 방문했습니다. 그리고 그곳을 방문하지 않은 날은 조세핀 베이커가 주인인 술집으로 향했습니다. 조세핀은 시간이 늦어지면, 그 자리에 있는 손님 중 몇몇과 춤을 추곤 했습니다. 나 또한 그녀와 춤을 추는 행운의 주인공으로 뽑힐 때도 있었습니다. 사실 나는 우리 형제들과는 달라서 (누나 릴리와 형 벨라는 부다페스트에서 유명한 댄스 커플이었죠) 춤을 그리 즐기는 편은 아니었습니다.

부다페스트에서는 여자들과 친하게 지낼 기회가 별로 없었습니다. 마음에 드는 여자가 없었다기보다 주변에 여자 자체가 없

86

었죠. 하지만 모든 것이 개방적인 파리에서 나는 결국 이러한 순박함을 잃어버렸습니다. 우연히 만나게 된 간호사 덕분이죠. 우리는 비록 짧았지만 굉장히 아름다운 연애를 했습니다. 그리고 눈에서 멀어진 채 수년이 흐른 어느 날 우연히 내 손에 그녀와 주고받았던 편지가 닿았죠. 그 순간 다시 심장이 두근거리며 한번쯤은 첫사랑을 다시 만나보고 싶다는 그리움이 피어올랐습니다. 그래서 예전에 그녀가 근무했던 병원을 찾아갔죠. 병원에서는 내가 그녀와 무슨 관계인지, 혹시 친척인지 물었습니다.

그래서 나는 "아니요, 그냥 잘 아는 지인입니다."라고 대답했습니다.

"그렇습니까. 유감이지만 쥴리에뜨 레스카뫼르 양은……" 그녀의 이름이었습니다.

"사망했습니다." 병원 리셉션의 안내원이 안타까운 표정으로 말했습니다.

이것이 내 첫사랑의 사연입니다. 그 이후로는 너무 많아서 기억도 나지 않는 몇 번의 사랑이 이어졌지만, 그것조차 70년은 족히 지난 과거가 되어버렸네요. 그중에 한때 연인이었던 앙투아네트 로베르만이 기억에 남아 있습니다. 나중에 그녀는 헝가리로 이주했지만 그 이유가 무엇이었는지는 이제 잘 기억나시 않습니다. 어쨌거나 앙투아네트는 헝가리로 이주한 후 언젠가 부다페스트의 한 나이트클럽을 방문했습니다. 그리고 한 남성이 그녀에게 춤을 청해 두 사람은 함께 춤을 췄습니다. 춤을 추며 앙투아네트는 댄스 파트너에게 이렇게 물었습니다.

"혹시 파리에 형제가 사나요? 제가 아는 사람이랑 굉장히 닮으셔서요."

"있죠. 그의 이름은 앙드레랍니다." 그녀에게 춤을 요청한 댄스 파트너가 대답했습니다.

바로 그다음 날 우리 형 벨라가 전화로 혹시 앙투아네트라는 여성을 아는지 물었습니다. 세상은 이렇게나 좁습니다. 평소 부다페스트에서도 벨라 형과 많이 닮았다는 이야기를 자주 듣곤 했습니다. 형과 나의 차이라면 형은 매우 훈훈하게 생긴 스포츠 맨이고 나는 조금 더 작고 어린 소년이었다는 것뿐이었습니다.

파리에 도착하고 두 달 정도 흐른 뒤 알렉산더 씨에게 연락하여 파리로 불러준 것에 대해 감사의 말을 전했습니다. 그는 내가 일할 장소를 보여주며 말했습니다.

"여기서 증권거래소에 대한 모든 것을 배우게 될 거다."

알렉산더 씨는 특히 설탕 거래소에서 막강한 힘을 행사하는 실세였지만 자비로 설탕에 투자하는 모습을 단 한 번도 보인 적 없는 완벽한 중개상 그 자체였습니다. 결국 그의 사업은 수수료가 관건이었습니다. 나에게 주어진 첫 업무는 모든 신입들이 그렇듯이 업무를 보조하는 막일꾼 역할이었습니다. 하지만 그곳에서 벌어지는 사업이 매우 흥미로웠으므로 거래 장부를 공부하기 위해 점심 시간에도 밖에 나가지 않고 사무실에 남아 있곤 했습니다. 그럴 때마다 알렉산더 씨가 움직이는 사업 규모를 엿볼 수 있었습니다. 그리 크지 않은 사무 공간과 5명이라는 직원 수를 감안하면 사실 회사는 그리 크지 않았죠. 그러나 그것만으로도 알렉산더 씨는 충분히 파리 증권거래소에서 가장 촉망받는 개인 투자자가 될 수 있었습니다. 더욱이 그는 크레딧 프랑시에Crédit Francier(50퍼센트 국영은행)와 방크 트란스아틀란틱 Banque Transatlantique 두 은행의 최대주주였습니다. 당시 그의 자산은 4~5백만 달러 정도였는데 현재 가치로 환산하면 억만 달러가 넘는 금액입니다.

급여는 내가 하는 일에 걸맞는 수준이었습니다. 나는 월급으로 200프랑을 받았는데, 내가 머무르는 방세만 간신히 낼 수 있는 그런 액수였습니다. 하지만 내가 그곳에서 쌓은 경험은 그보다 여러 배의 가치가 있었습니다. 특히 고객을 영업하는 방법을 그곳에서 배웠습니다. 알렉산더 씨와 그의 형제는 수단과 방법을 가리지 않았고, 사람의 마음을 사는 분야에 있어서 전문가였습니다. 사무실에서 함께 근무하는 동료들도 퇴근 후 시간을 어떻게 보내면 좋을지에 대해 유용한 조언을 많이 해주었습니다. 일을 시작한 초창기에는 내게 다소 현명하지 못한 습관이 있었습니다. 나는 인사를 건넬 때 우선 차렷 자세를 취하곤 했습니다. 헝가리에서는 예의바른 태도를 강조하는 제스처였지만, 프랑스에서는 좀처럼 이런 모습을 찾아보기가 힘듭니다. 어느 날 그런 내 모습을 유심히 관찰한 회계 담당자가 말했습니다.

"여기선 그렇게 안 하지. 그건 독일 놈들이나 할 만한 행동인데."

앞서 말한 적이 있지만 독일인들만 프랑스인들을 깔보는 것이 아니라 반대도 그랬습니다. 요컨대 파리로 이주하면서 내 생활은 완전히 변했습니다. 직업뿐만 아니라 사생활도 180도 달라졌지요. 하지만 이렇게 대단한 파리에서의 삶은 아무 향락에도 동참하지 못하는 나를 금세 좌절하게 만들었습니다. 그런 삶으로 향하는 문을 여는 열쇠인 돈이 없었기 때문입니다. 월급과 아버지와 형에게서 지원받는 돈으로 생활에 필요한 부분은 충당할 수 있었지만, 꼭 필요하진 않아도 삶에 즐거움을 선사하는 부분이 전혀 충족되지 않았죠. 흡사 베이커리 쇼윈도에 코가 납작해질 정도로 찰싹 달라붙어 군침을 흘리지만 아무것도 사지 못하는 어린아이마냥 스스로를 억눌러야 했습니다. 그럴 때마다 오래된 오스트리아 속담이 떠올랐습니다. '돈이 있는 사람은 도요새의 내장 요리(토스트에 발라먹는 오스트리아 고급 요리)를 먹지만, 돈이 없는 사람은 잡은 도요새를 놓아준다.' 당시 내가 아는 한 빠르게 돈을 버는 법은 단 하나, 주식 투자뿐이었습니다. 내가 괜히 "돈이 많은 사람은 투자를 해도 좋고, 돈이 별로 없는 사람은 투자를 하지 않는 편이 좋다. 그리고 돈이 아예 없는 사람이라면 무조건 투자해야 한다."라는 말을 항상 입에 달고 다니는 것이 아닙니다. 그때 내 수중에 돈은 이 세 부류 중 마지막인 '돈이 없는 사람'에 속했습니다. 내가 처음 매수한 주식은 라우리움 지역에 있는 철강회사 주식이었습니다. 그때 가진 돈으로는 단 2주밖에 매수할 수 없었습니다. 그런 뒤 선물로 포르투갈의 식민지인 모잠비크에 있는 한 영국 기업의 주식 25주를 매수했습니다.

사실 회사를 통해 잘 알게 되는 상품 투자 부문은 투자가 허용되지 않았습니다. 그래서 대리인을 세워서 투자를 하기도 했는데, 결과가 그다지 짭짤하지 못했습니다. 그 정도로는 돈에 대한 갈증이 해소되지 않았습니다.

공짜로 누릴 수 있는
기쁨

그로스　　　　그러면 선생님께서 본격적으로 증권시장에 나선 것은 언제부터인가요?

코스톨라니　　　1927년 알렉산더 씨의 회사에서 수습생활을 마친 후 유가증권 투자 회사인 아메롱헨 에 콩빠니Amerongen et Compagnie에 입사했습니다. 유가증권거래소로 출근한 첫날, 갑자기 한 남자가 나를 불러 세웠죠.

　"거기 젊은 청년, 자네는 누구지? 여기서 한 번도 본 적이 없는데?"

"저는 앙드레 코스톨라니라고 합니다. 아메룽헨 에 콩빠니에서 일하고 있습니다."

"그렇군." 그가 말을 덧붙였습니다.

"자네 회사 사장이 나와 친한 친구이니 특별히 자네에게 한 가지를 알려줌세. 모든 것은 딱 한 가지에 따라 좌우된다네. 증권 수보다 얼간이들이 더 많은지 아니면 그런 얼간이들보다 증권 수가 더 많은지 말이네."

그 신사의 말은 지금껏 내가 들은 정의 중 최고로 남아 있습니다. 그리고 그때부터 증권거래소에서 중개인(브로커)으로 일했는데요. 고객을 모으기 위해 영업을 해야 했고, 아메룽헨 에 콩빠니를 통한 주문을 체결해야 했습니다. 고객이 요청한 주문을 성사시키면 수수료가 지급되는 방식이었죠. 당시 업무는 오늘날 전 세계의 브로커들이 하는 일과 동일했습니다. 다만 독일의 경우와는 여전히 다릅니다. 독일 은행과 저축은행의 증권 컨설턴트들은 고정 급여를 받습니다. 그러므로 계속 실적을 올리지 않아도 된다는 장점이 있습니다. 다른 한편으로는 상담을 하는 동안에도 애를 쓰고 노력할 필요가 없다는 뜻입니다. 어차피 어떻게 해도 월급이 지급되기 때문입니다. 하지만 이러했던 독일 시스템도 서서히 변하고 있습니다. 은행의 자회사에서 근무하는 투자 컨설턴트의 경우 실적에 따라 급여가 책정되고 있습니다. 대형 은행의 임원진은 오래전부터 중개 수수료만 벌어들여도 제법 많은 수익이 가능함을 알고 있습니다. 이제 독일 고객들도 브로커에게 전화를 걸어 "이제 어떻게 해야 하죠?"라고 질문하는 미국 고객처럼 태도가 바뀔 것입니다. 그런 질문에는 대부분 총알처럼 이런 대답이 쏟아집니다.

"당연히 금을 사야죠! 금을 사십시오."

"글쎄요. 전 사실 선물로 보유한 금을 팔려고 고민 중이었는데요." 고객이 말합니다.

"팔려고 하신다고요? 음, 물론 파는 것도 그리 나쁘지는 않습니다." 브로커가 말합니다.

이런 상황이 펼쳐지겠죠. 브로커란 자고로 노름꾼을 사랑합니다. 하지만 딸이 있다면 절대 그런 사람을 사위로 맞이하지 않을 것입니다. 그런 이유에서 나는 브로커로 활동하면서도 항상 중심을 잡으려고 노력했습니다. 어떻게든 고객의 수익을 추구하면서도 충분한 수수료를 벌 방법을 모색했습니다. 그렇게 한번 내 고객이 된 사람들은 꾸준한 거래를 이어갔고, 또 새로운 고객을 데려왔습니다. 심지어 유명 인사들이 고객이 되기도 했습니다. 그런 계층일수록 거래 횟수가 드물어 돈을 벌지는 못했지만, 고객리스트에 그들의 이름이 포함되어 있는 것만으로도 좋은 간판 역할을 해낸 것은 사실입니다. 물론 잦은 거래로 수수료를 안겨주는 고객층이 있었기에 생활은 가능했습니다. 잘 생각해 보면 고객 유치 분야의 대가였던 알렉산더 씨를 어깨너머로 보며 배운 덕에 처음부터 고객 유치는 그리 어렵지 않았습니다.

아메롱헨에서는 그리 오래 일하지 않고 페르디낭 리프만 에코Ferdinand Lippmann et Co.로 이직했습니다. 부다페스트에서부터 오랜 친구였던 한스 카니츠가 그곳에 다니고 있었습니다. 한스는 나보다 조금 뒤에 파리에 왔는데요. 한스가 온 다음 우리는 함께 집을 구했습니다. 한스는 부다페스트에서 유년 시절을 함께한 친구였습니다. 비록 한스가 개신교 신자여서 같은 학교를 다니지는 않았지만 방학 때 젬머링으로 여행을 갔을 때 친해졌습니다. 한스와는 금방 친한 친구 사이가 되었습니다. 한스는 집안이 좋았습니다. 그의 아버지는 물론 할아버지도 우리 아버지와 친분이 있었고요. 한스의 아버지는 대형 은행의 주주였고 실력이 굉장한 피아니스트였습니다. 특히 한스의 할아버지에 대해 지금도 생생하게 기억나는 게 있는데요. 한스 할아버지는 통화할 때마다 자신의 이름인 모리츠 바이스가 아니라 꼭 "선주 바이스, 모리츠입니다."라고 말하곤 했습니다. 그는 도나우강에 띄운 선박으로 자산을 축적했거든요. 그래서 자신을 선주 바이스라고 말했죠. 한스의 어머니는 아름다운 미인으로 정평이 나 있었습니다. 다만 유감스럽게도 결혼 생활을 오래 유지하지 못하고 나중에 오스트리아의 큰 사업가와 재혼했습니다. 그리고 나이가 들어 미모가 시들기 시작하자 스스로 목숨을 끊었습니다. 현재 빈에 거주하는 한스의 여동생 키티는 아직까지도 나와 좋은 친구 사이로 지내고 있습니다.

지금도 한스 생각이 자주 납니다. 때로는 너무 순진한 것은 아닐까 싶을 정도로 정직한 사람이었습니다. 예전부터 증권 거래판에서 빠지지 않는 기만과 수수료 폭리 자체에 회의적이어서, 어떻게 그리고 왜 그런 일이 벌어지는지 전혀 납득하지 못했습니다. 하지만 한스는 뛰어난 포커꾼이었습니다. 내게 포커 게임을 알려주었죠. 그 시절 우리는 가끔씩 많은 액수는 아니지만 판돈을 걸고 재미로 포커 게임을 하곤 했습니다. 한스는 완벽했습니다. 침착했고 아무런 감정도 내비치지 않았죠. 상대를 비난하거나 평정심을 잃는 일은 단 한 번도 없었습니다. 브리지 게임도 가히 으뜸이었습니다. 원래 게임판에서 보이는 태도에서 그 사람의 성격이 드러나기 마련인데요. 내 친구 한스 카니츠는 지금까지 내 두 눈으로 본 카드 플레이어 중 가장 뛰어난 사람이었습니다. 시간이 갈수록 내 입지가 점점 증권거래소로 치우치면서 한스는 언제나 카드 게임만큼에서는 나보다 한 수 위에 있었습니다.

애석하게도 훗날 한스는 건강이 나빠졌어요. 나처럼 유대인 출신이었던 탓에 한스 또한 나치를 피해 피난을 가야 했고요. 그 시절 한스는 개신교, 나는 가톨릭교인으로 우리 둘 다 개종한 상태였지만 히틀러에게 우리는 그저 유대인일 뿐이었으니까요. 불운이라면 한스는 미국으로 망명하지 않고 당시 중립 지대였던 부다페스트로 되돌아갔다는 것입니다. 그리고 독일이 헝가리를 점령한 후 마우트하우젠 정치범 수용소에 6개월간 수감됐습니다. 종전 후 나는 미국에서 파리로 귀환하자마자 곧장 한스의 위치를 수소문했는데요. 요양을 위해 스위스의 몬타나 지역에 있다는 걸 알게 되었습니다. 전쟁이 터지기 전에 결핵을 진단받은 한스는 폐의 한쪽을 떼어낸 상태였습니다. 그런 상태로 정치범 수용소에 수감된 탓에 건강이 심히 쇠약해진 거예요.

다행히 내 조언대로 주식 투자를 한 덕분에 어여쁜 아내와 다시 파리로 돌아오기까지 장기간 스위스에 체류하는 데 드는 비용을 전부 마련할 수 있었습니다. 한스는 종전 후 내 비서로 일했습니다. 그 이후 나는 항상 한스를 후원했습니다. 그러나 안타깝게도 그로부터 얼마 지나지 않아 한스는 두 번째 아내와 생의 마지막 해를 보낸 니스에서 영면했습니다. 대부분의 내 소싯적 친구들처럼 결국 그도 세상을 떠났습니다. 사실 나는 웬만하면 최근까지 소식을 주고받은 친구들과도 잘 연락하지 않는 편입니다. 그들마저 이 세상에 없다는 소식을 들을까 봐 두렵기 때문입니다. 한스와 함께 파리에서 보낸 시간은 우리 두 사람 모두에게 정말 아름다웠던 시절이었습니다. 물론 고향인 부다페스트의 기억 또한 언제나 우리 마음에 자리하겠지요.

다시 처음하던 이야기로 돌아가겠습니다. 앞서 말했지만 한스는 나보다 먼저 페르디낭 리프만 에 코에서 근무 중이었습니다. 시작은 제법 좋았지만 다시 고객층을 확보해야 했기에 돈벌이는 그리 쏠쏠하지 않았죠. 파리의 화려한 생활은 항상 나를 좌절하게 만들었습니다. 처음에는 그저 옆에서 시켜보는 것만으로도 충족이 되었지만, 그 일원이 되고 싶다는 열망이 가득 차올랐던 겁니다. 하지만 수중에는 여전히 돈이 없었습니다. 그러자 불현듯 인생에서 돈이 가장 중요하다고 느껴졌습니다. 마치 돈이 행복의 만능 열쇠인 것마냥 말이죠. 나는 그 이후로 돈만 생각했습니다.

목적을 달성하려면 우선 수단이 필요합니다. 돈이 필요해지자 다른 것을 전부 등한시하기 시작했습니다. 그때부터 내 도덕성, 가치관도 완전히 달라졌습니다. 그 무렵 돈 말고는 그 무엇에도 관심이 없었습니다. 말하자면 이 세상에서 공짜로 누릴 수 있는 기쁨을 즐기지 못했습니다. 지폐가 가득 찬 금고, 돈 주머니를 내 눈앞에서 직접 바라보고, 제대로 만끽할 수 있기만을 꿈꾸며 어떻게든 〈볼포네〉(벤 존슨의 희곡-옮긴이)의 보물만큼 모으는 데 혈안이 되어 있었습니다.

어떻게 보면 돈에 대한 이러한 태도는 자연스럽게 나를 타성에 젖게 했습니다. 언제라도 원할 때 가질 수 있다면 굳이 고급 자동차를 살 이유가 무엇이란 말인가요. 물론 차값을 치를 돈이 당장 지갑에 있다는 전제가 충족되어야 하겠지만요. 물건과 달리 수표책을 가진 사람은 인생의 모든 즐거움이 내 것인 것만 같습니다. 게다가 돈은 시간이 흐를수록 가치가 상승합니다. 하지만 계속 같은 금액이라면 현실 가치가 하락하기, 다시 말해 '돈으로 살 수 있는 모든 것'도 줄어들기 마련입니다.

그 시절 파리 증권시장은 상승장 분위기가 압도적이었습니다. 고객도 중개인도 앞으로 벌어들인 수익에 대해서만 얘기했습니다. 중개인들은 저마다 자신이 최고의 정보를 가지고 있다고 주장했습니다. 그리고 주식 거래 시 필요한 적절한 조언과 수익, 절대 틀릴 일이 없는 팁 등을 확보하고 있다며 고객들 앞에서 우쭐댔죠. 그 말을 듣다보면 자칫 이곳에는 천재와 예언자만 있는 것은 아닐까 하는 생각이 들 정도였습니다. 모두가 자기 구미에 맞춰 각색한 경험담 또는 성공 사례를 떠들었고, 그 말을 들은 사람 모두 "내가 자네에게 말했지 않았나."로 시작했습니다.

물론 지금도 그렇습니다만, 증권시장에 신입이 나타나면 이런 분위기에 적응하지 못하고 주눅 들거나 얼어버리기 일쑤죠. 친구들과의 대화에 주로 등장하는 예술, 정치 또는 여자들 이야기는 그 어디에도 없었습니다. 전부 돈 이야기였습니다. 누가 얼마나 더 벌 수 있었고 또는 벌어야 한다든가, 적시에 매수하거나 매도했어야 한다는 이야기만 난무했지요. 더욱이 가진 돈이나 그리고 중개인에게 얼마나 큰 액수를 맡길 수 있는 고객인지만을 가지고 사람을 평가했습니다. 다행히도 또는 불행히도 나또한 이런 분위기에 서서히 녹아들었습니다.

그때까지 이런 분야의 경험은 전무했지만 단순하고 건강한 내 지성은 이런저런 말들이 그저 허풍에 불과하다고 속삭였습니다. 증권시장의 모두가 떠드는 논리, 설명, 사고 그리고 기적 같은 투자를 주장하는 근거가 내게는 전부 저급하고, 유치하고, 틀렸다고 느껴진 거죠.

돈을 바라보는 내 사고방식은 디플레이션 경제 이론으로 이어졌습니다. 그때만 해도 나는 이 추악하고 비틀린 사고방식에 동참하며, 현금으로 표현되지 않는 가치를 모조리 멸시하는 세계적인 분위기에 휩쓸렸습니다. 내 머릿속 돈의 가치가 이미 과대평가되었던 탓에 주식을 비롯한 모든 상품의 가격이 너무 높다고 생각했습니다. 이런 견해로 본다면 결국 허용되는 해법은 단 하나였습니다. 모두가 경기 상승에 투자하고 있던 그 시절 나는 정반대의 포지션으로 경기 하락에 투자했습니다. 실제 가치를 경시하던 나의 태도는 주식시장에서 만난 사람들에 대한 경시로 이어졌습니다. 앞으로 나는 하락장 투자로 수익을 올릴 것이며, 지금의 허풍선이들이 돈을 잃고 쩔쩔매는 모습을 곁에서 지켜보며 악의에 찬 만족감을 누릴 것이라 확신했지요.

내가 하락장에 투자하여 큰돈을 버는 사이 록펠러의 기업가치가 하락하여 그가 큰 손해를 본다면 차이는 줄어든 게 아니겠는가, 이것이 그 시절 내가 빠져 있던, 편협하기 짝이 없는 생각이었습니다. 그때의 소망은 딱 하나뿐이었습니다. 온전히 투자에만 집중하는 것이었습니다. 그것만이 백만장자에 이를 수 있는 유일한 방법이었기 때문입니다.

나는 마음이 시키는 대로 선물 시장까지 진입하여 단기로 증권 상품을 팔기 시작했습니다. 나중에 더 싼값에 되사고자 했죠. 동시에 거래 수수료도 갈수록 늘어났습니다. 고객들에게도 선물 주식을 판매했습니다. 그러다 1929년 10월 22일, 뉴욕 월스트리트가에서 고금을 막론하고 가장 유명한 주식 폭락 사건이 터져버렸습니다. 모든 것이 그리 빠르지 않았던 시절이었지만 그때만큼은 통신 연락망이 빠르게 가동했습니다. 유럽 증권 시장에서 위로 폭주한 달러 원천이 갑자기 말라버렸습니다. 뉴욕만큼의 대폭락은 아니었지만 유럽 증시도 서서히 곤두박질 치기 시작했습니다. 극소수였던 하락장 투자자 중 하나였던 내 게 기회가 온 겁니다. 그제야 올바른 위치에 서게 된 나는 드 디어 나와 내 고객들을 위한 열매를 맺기 시작했습니다. 고객 들 사이에 퍼진 입소문으로 고객층이 점점 두터워지는 건 덤 이었습니다.

미국으로 떠나기 전에 파리의 일을 마무리할 무렵 고객의 수 는 무려 600명이 넘었습니다. 물론 수년간 분산하여 관리했습 니다. 600명이나 되는 고객을 한 번에 전부 맡을 수 없는 노릇 이니까요. 핵심 고객들 중에는 스위스 은행도 있었습니다. 스위 스 은행가에서 으뜸 기업으로 그 시절 스위스를 금융 센터로 평가하던, 독일 귀족들만을 대상으로 한 은행이었습니다. 당시 나는 영업을 위해 스위스를 자주 방문했습니다. 그때 세운 전략 은 매우 적절했습니다. 스위스에 갈 때마다 절대 빈손으로 가는 법이 없었고, 항상 파리 증권가에서 인기를 끌고 있는 추천 상 품을 패키지처럼 홍보했습니다. 이런 전략은 투자 예비금을 보 유한 은행가는 물론 개인 투자자들을 불러 모으는 데 성공적이 었습니다. 나는 지금도 이러한 방법이 유효하다고 확신합니다. 증권시장에 관여하는 모든 투자자들의 관심사는 언제나 동일 하죠. 그들의 목적은 돈을 버는 것이 전부입니다. 그리고 그런 관심을 끌어내는 것이 바로 능력 좋은 중개인의 기술입니다.

다행히도 수수료 수입이 배로 늘어나는 일이 거듭 반복됐습니다. 내가 하는 업무 중 꾸준히 관리해야 하고 때로는 지루하지만 또 매우 흥미롭기도 한 영역이 바로 고객 관리입니다. 고객을 새로 얻기까지는 그리 어렵지 않지만 거래를 유지하는 일은 매우 어렵습니다.

스위스 은행가들이 나를 찾아올 때마다 함께 즐거운 시간을 보냈습니다. 그들에게도 휘황찬란한 파리를 방문하는 데 있어서 나와의 관계가 적절한 구실이 되었던 모양입니다. 말할 필요도 없이 1920년대의 파리는, 스위스는 물론이고 전 세계에서 가장 개방된 곳이었습니다. 나는 언제나 그들의 관광 가이드를 자처했습니다. 스위스 은행가들은 특히 밤의 유흥에 관심을 보였습니다. 당시 함께 다닌 사람들이 고인이 된 지금에야 털어놓을 수 있는 말이지만 말입니다. 그 시절 가장 유명했던 스위스 대형 은행 중 하나인 오이겐 폰 뷔렌Eugen von Burren & Co.의 은행장은 파리의 유명 홍등가를 방문하는 데 혈안이 되어 있었습니다. 짜릿한 파리의 밤을 경험할 수 있는 여러 인기 명소들 가운데 딱 세 곳만 소개해 보겠습니다.

첫 번째는 뤼 샤바네Rue Chabannet 10번지에 위치한 홍등가로 이 업계에서 가장 정평이 나 있었습니다. 입장만 해도 그 명성을 이해할 수 있을 정도였습니다. 그곳은 각 방마다 매우 색다른 방식으로 꾸며져 있었습니다. 그중 '트랭 블뢰Train Bleue'라는 방이 있었는데 런던에서 니스로 향하는 열차와 이름이 같았죠. 프랑스어로 '푸른 기차'를 의미하는 트랭 블뢰는 푸른 바다가 이어진 코트다쥐르Côte d'Azur(프랑스의 지중해 동남부 해안이며 툴롱에서 망통까지 이어지는 해안-옮긴이)와 평행선으로 운행하기 때문에 붙은 이름입니다. 이 방은 푸른 바다가 보이는 창이 있는 기차칸처럼 꾸며져 있었습니다. 모형으로 만든 객실은 진짜처럼 보였죠. 이외에 거울로만 꾸민 방도 있었고, 또 헛간의 건초더미처럼 설정해 놓은 방도 있었습니다. 오늘날 홍등가 영업이 공식적으로 금지되면서 더는 뤼 샤바네에서 찾아볼 수는 없습니다. 이런 배경만 봐도 1920년대 파리가 얼마나 개방적이고 자유분방했는지 상상이 되시지요? 그래서 사람들의 사랑과 선망을 받았을 것입니다. 유럽의 재치 공장이라 불리는 부다페스트에는 당시의 분위기를 유머러스한 농담으로 풀어냈습니다. 잠시 소개할게요. 직접 경험한 자와 말로 들은 자의 오해로 보면 될 것 같습니다.

그륀은 파리의 일정을 마치고 부다페스트로 돌아왔다. 그의 친구가 그에게 물었다.

"그래서 뭘 보고 왔나?"

"에펠탑, 노트르담······."

"아니, 내가 묻는 건 당연히 밤 문화 쪽이지."

"서른두 가지 체위를 보고 왔다네." 그륀이 말했다.

"어서 그 얘기를 들려주게나!"

"좋네. 들려줄 수야 있지만 그러면 자네 집에서 꼭 해봐야 하네!"

"그건 걱정 말게나."

그륀의 친구는 호기심 가득한 표정으로 채근했다. 그래서 그륀은
결국 친구에게 자신이 본 자세를 알려주었다. 며칠 뒤 친구를 다시
만난 그륀이 물었다.

"그래, 정말 그 자세를 시도해 본 건가?"

"그랬지." 그의 친구가 대답했다.

"그래서 어땠는데?" 그륀이 물었다.

"글쎄, 아이들이 웃더구먼."

나는 본의 아니게 뤼 샤바네를 자주 찾는 손님이 되었습니
다. 변명처럼 들릴 수도 있겠지만 그저 순결한 안내자 역할만
맡았을 뿐입니다. 어린 시절의 교육이 내가 향락에 빠지는 것을
금지했거든요. 아직도 아래층에서 울리는 초인종 소리에 한 여
인이 문을 열며 외치는 소리를 기억합니다.

"on monte(한 사람이 올라가요)."

그 말은 위층에 있는 직업여성들에게 누군가 올라가고 있느니 고객과 마주치지 않도록 아래로 내려오지 말라는 신호였습니다. 자칫 아는 사람과 마주치는 불상사를 방지하기 위한 것이죠.

또 다른 성인 유흥업소는 뤼 마르제Rue Marzet 14번지에 위치했습니다. 그곳에는 벽에 윤락녀와 고객의 모습을 관찰할 수 있는 작은 구멍이 뚫린 방이 있었습니다. 그리고 오이겐 폰 뷔렌 은행장은 항상 그곳을 방문하고 싶어 했습니다.

그리고 마지막으로 언급하려는 홍등가는 생 마르탱St. Martin 26번지에 위치한 곳입니다. 두 명의 헝가리 친구들과 딱 한 번 그곳을 방문했습니다. 그곳은 소위 검은 미사(악마 숭배자가 가톨릭 미사를 속여 행하는 악마 예배-옮긴이)를 표방한 곳이었습니다. 그곳에 방문한 사람은 얼굴에 마스크를 쓰는 것이 허용됐죠. 그리고 구경꾼들 눈앞에서 벌이는 집단 섹스에 몸을 내던질 수도 있었습니다. 함께 방문한 친구 중 하나가 그곳에서 한 여성을 알게 되었습니다. 사실 나는 광경을 지켜보는 것만으로도 속이 메스껍고 혐오감을 느꼈습니다. 이 세상에 우리 어머니는 듣기만 해도 까무러칠 만한 일들이 있다는 사실을 깨닫는 계기였습니다. 오늘날까지도 그런 은밀한 모임이 어디에선가 훨씬 더 변

태적인 방식으로 명맥을 이어가고 있을 것입니다. 그저 법적으로 금지되면서 수면 위로 드러나지 않는 것일 뿐이니까요.

03

모르는 사이에
선지자가 되다

코스톨라니　　　　　어느새 파리 증권거래소에서 거래액이 가장 많은 중개인으로 부상했습니다. 언젠가 후미진 곳에 서 있다가 우연히 두 동료가 나누는 대화를 들었습니다. 한 사람이 의미심장한 말투로 말했습니다.

"꼭 XY 주식을 사게나!"

"왜 그래야 하지?" 다른 한 동료가 반문했습니다.

"코스토가 그렇게 말했다네."

하루아침에 나는 주식계의 선지자가 되어 있었습니다. 이와 관련하여 '증권업자라면 누구나 한 번쯤은 제대로 한 방 터트리는 순간이 오기 마련이다. 그러면 그때 주식계의 선지자가 될 것이다'라는 말이 있습니다. 다만 그 명성을 계속 유지하는 일은 훨씬 어렵습니다.

우스트리크 은행Oustric Bank의 파산과 드빌데르Devilder 문건으로 1930년 가을, 파리 증권시장은 마침내 추락했습니다. 결국 내 직관이 옳았던 것입니다. 그렇게 약세장 투자자는 승리를 거머쥐었습니다. 나는 매일 저녁마다 결산을 하며 그날 번 수익이 얼마인지 계산했습니다. 엄청난 돈을 벌었지만 그 성공은 타인의 손실과 고통을 기반으로 한 것이었습니다. 하지만 성공의 단맛은 하던 대로 계속하라고 나를 부추겼지요. 하락장에 고객들이 주식을 사면, 나는 주식을 매도하며 공매도 포지션Short Position을 확장했습니다. 넘쳐나는 돈과 예측이 맞아떨어지는 이 상황에 도취되어 버렸습니다. 갈수록 동료들이 나를 찾아왔습니다. 그들은 모두가 아니라고 반대하는 상황에서 이러한 전개를 예측한 나를 마치 예언자를 보듯 대했습니다.

돈이라는 수단이 충분히 채워진 만큼 그동안 꿈꿔 온 편안한 삶을 제대로 누리고 싶었습니다. 그 무렵 함께 생활하던 한스 카니츠가 부다페스트로 돌아가면서 나는 로스차일드Rothschild 궁전 건너편 몽소 거리 50번지에 방이 하나인 집을 구했습니다. 그리고 조금 뒤에 같은 거리에 방이 3개 딸린 호화롭고 멋진 집으로 또 한 번 이사했습니다. 흡사 대저택을 축소해 놓은 것 같은 집이었습니다. 인테리어 디자이너를 고용하여 집 내부를 화사하게 꾸몄습니다. 나와 친한 디자이너는 프랑스의 유명 시인 폴 발레리Paul Valéry의 광팬이었습니다. 새로 이사한 집을 포함해 기존에 소망했던 것들을 전부 누렸지만 여전히 무언가 채워지지 않았죠.

좋아하는 친구들, 동료들이 이 사태로 파산하고 말았습니다. 그들은 이 공황 사태로 돈과 직장을 잃었고 앞으로 어떤 일이 벌어질지 막막한 상태였습니다. 반면 나는 그 어떤 호화로운 사치도, 그때까지 꿈만 꾸었던 향략도 모두 취할 수 있는 재력을 갖게 되었습니다. 고급 호텔과 레스토랑, 제복을 입은 기사가 딸린 자동차 등 내 지갑은 언제나 두둑했으므로 무엇이든 원하기만 하면 누릴 수 있었습니다.

하지만 여기서 가장 큰 문제가 생겼습니다. 이런 형편이 되었음에도 불구하고 그 즐거움을 같이 누릴 사람이 전부 사라진 것이었습니다. 내 환경은 매우 좋아졌지만 주변에는 유쾌한 웃음이 사라지고 씁쓸함만 맴도는 우울한 분위기만 남았죠. 그렇게 나는 혼자가 되었습니다. 내게 돈을 쓰라고 유혹하는 곳은 넘쳐났지만 전혀 쇼핑하고 싶은 욕구가 들지 않았죠. 친구들이 고작 커피 한 잔으로 만족해야 하는 상황에 나 혼자 샴페인과 캐비아를 음미하는 것은 전혀 즐겁지 않다는 사실을 깨달은 것입니다. 그런 상황에서 나 혼자 행복에 취할 마음은 전혀 없었고, 감히 그럴 수도 없었습니다. 따라서 내 상황은 오히려 예전보다 훨씬 나빠졌습니다.

파리 주식시장의 붕괴로 많은 중개사무소 역시 파산을 면치 못했습니다. 결국 나 또한 직장을 잃고 말았지만 금전적인 문제는 없었습니다. 어차피 생활에 필요한 돈은 충분했습니다. 그때부터는 투자자로만 활동했습니다. 약세장 투자로 큰 성공을 거둔 만큼 계속 시세 하락에 투자했습니다. 증권시장에는 강세장 투자자와 약세장 투자자 두 집단이 존재합니다. 한쪽이 낙천가라면 다른 한쪽은 비관론자입니다. 두 집단은 성향 자체가 매우 달라서 강세장과 약세장을 번갈아 투자하는 주식 투자자는 극히 드뭅니다. 주가 상승에 투자하는 강세장 투자자가 보헤미안이라면 약세장 투자자는 타인의 고통을 통해 돈을 법니다. 그러므로 이 두 집단은 항상 앙숙처럼 대립했습니다. 언젠가 헝가리 부다페스트 증권시장에서 뼛속까지 약세장 투자자였던 구스타브 호프만Gustav Hoffmann에게 한 젊은이가 다가와 도발하듯 말을 건넨 적이 있습니다.

"고문님, 주가가 가파르게 상승하고 있습니다. 우리 젊은이들이 날마다 돈을 얼마나 퍼내고 있는지 아십니까?"

그러자 호프만은 침착한 태도로 대답했습니다.

"어차피 자네들이 지금 버는 수익은 전부 내게로 돌아올 거라네."

상승장에서는 이익을 극대화하는 투자를 추구한다고 하더라도, 비상수단으로 하락장에서는 손실을 최소화하거나 이익을 볼 수 있는 방법을 준비해 두라는 뜻입니다. 즉 약세장 투자에도 일정 부분 주시하라는 의미입니다. 의심의 여지없이 그때 나는 비관론자의 진영에 있었습니다. 그 시절은 독일의 부채 문제로 대규모 약세장 모멘트가 이어지고 있었으므로 나는 계속 엄청난 돈을 벌었습니다. 독일은 제1차 세계대전으로 인한 대규모 복구와 배상을 이행해야 했지만 지급 능력이 없었습니다. 미국의 허버트 후버 대통령이 독일의 모라토리엄 선언으로 당분간 배상을 중지하는 방안을 제안할 때까지 증시는 연이어 폭락했습니다. 하지만 모라토리엄 선언이 발표되자 시세는 거침없이 하늘로 치솟았고, 그때부터 나처럼 선물로 주식을 공매도한 투자자들은 거침없이 오르는 주가 상승에 자신이 판 주식을 최대한 빨리 되사들여야 하는 긴박한 상황에 처했습니다. 그리고 바로 그런 움직임이 주가를 더 위로 몰아갔습니다. 결국 일명 후버 상승장에서 그때까지 번 전 재산을 몽땅 잃고 말았죠. 거의 파산 직전이었습니다. 그때 내게 도움의 손길을 건넨 건 딱 한

가지였습니다. 바로 시민 계급에서 사용되는 말 뜻 그대로 '약간의 노동'이었습니다.

당시 그 엄청난 경제공황을 돌파하고 생존한 파리의 한 증권 중개인을 찾아갔던 거죠. 증권업자 마르키스 데스피네^{Marquis} D'espinay는 투자에 뛰어들기 전 북경에서 다년간 프랑스 외교관으로 근무했습니다. 그의 사무실은 우리 사무실 근처에 있어서 예전부터 잘 알던 사이였습니다. 그를 찾아가 내 수중에 당장 돈이 한 푼도 없다고 설명했습니다. 그리고 앞으로 받을 수수료의 일부를 선불로 지급해 주는 조건으로 그의 사무실에서 중개인 일을 하겠다고 제안했습니다. 데스피네는 잠시도 망설이지 않고 부채 더미에 올라앉은 나에게 큰 금액의 대출까지 해주었습니다. 심지어 다른 동료들이 조금도 눈치채지 못하도록 대출한 금액을 내 계좌와 연계하지 않는 신중함을 보였습니다. 데스피네가 손대지 않은 다른 한 축은 파리 증권거래소의 오래된 중개인인 아드리앙 페리켈^{Adrien Perquel}이 지원했습니다. 페르켈도 추후 생길 수수료 수익을 담보로 기꺼이 대출을 해주었습니다. 고객을 유치하는 법이 전혀 녹슬지 않았던 나는 매우 빠르게 빚을 청산할 수 있었습니다. 그로부터 3년이 지난 1936년, 수수료 수입으로만 무려 15만 1,000프랑을 벌어들였습니다. 이는 당시 약 1만 2,000달러에 준하는 돈으로 지금으로 환산한다면 적어도 스무 배, 그러니까 약 25만 달러 이상의 구매력을 지닌 액수였습니다.

그로스　　　　　선생님께서 이러한 눈부신 성공을 이어가는 동안 독일에서는 나치가 정권을 장악했습니다. 선생님께서는 그 이후 파생될 결과를 예측하셨습니까?

코스톨라니　　　　그렇습니다. 히틀러가 정권을 장악했다는 소식을 듣자마자 나는 극도로 불안해졌습니다. 그리고 히틀러가 추진하려는 정책이 서서히 수면 위로 드러나자 극히 비관론적인 입장에서 다시 하락장에 몰두하기 시작했습니다. 하지만 증시는 그런 히틀러를 전혀 개의치 않는 듯했습니다. 증시는 오르고 또 올랐지요. 동료들과 토의와 토론을 거듭했지만 그들도 어깨만 으쓱일 뿐이었습니다.

"히틀러가 우리에게 뭘 어쩌겠나? 지금 우리가 독일에 있는 것도 아니고, 여기 파리에 있는데. 증권시장은 앞으로도 쭉 상승할걸세."

나는 안이한 동료들의 평에 분통을 터트리며 말했습니다.

"자네들은 정말 멍청이야. 정말 최근에 본 버스터 키튼Buster Keaton의 영화 속 주인공처럼 행동하는군."

그 영화에서 버스터 키튼은 어느 한 별장에 앉아 피아노를 연주합니다. 그런데 갑자기 등장한 악당이 집에 불을 지릅니다. 화염이 퍼지면서 담벼락마저 녹아내렸지만 버스터 키튼은 피아노 연주에만 집중합니다. 그러다 고개를 돌리고, 그제야 주변 상황을 파악하고는 공포에 휩싸입니다.

"그러다가 자네들도 딱 그 꼴이 나고 말지."

나는 동료들에게 예언했습니다. 하지만 주가는 아랑곳하지 않고 상승 움직임을 이어갔기 때문에 신경은 더욱 날카롭게 곤두 섰습니다. 이러다 자칫 투자금을 또 몽땅 잃을 상황으로 전개 될 것처럼 보였습니다. 그때 나는 전 재산을 털어 매도 옵션에 투자했는데 곧 휴지 조각이 될 위기에 놓여 있었습니다. 하지만 다행히 그 직전에 나는 구제받았습니다. 곧이어 증시는 붕괴됐기 때문이죠.

5장

전쟁과 투자

01

전쟁이 나면
무슨 주식을 사야 하는가?

그로스   선생님의 동료들, 그러니까 선생님께서 알고 지내시던 프랑스인들은 1940년 프랑스에 전쟁이 터지자 어떤 반응을 보이셨습니까?

코스톨라니   그와 관련하여 프랑스에서 있었던 일화들을 정리해서 책으로 내려고 했지만, 프랑스인의 명예가 훼손이 된다고 생각했던 출판인이 출간을 반대했습니다. 나는 매력적이고 지적인 저널리스트인 페크리와 오랜 친분이 있습니다. 그는 심지어 자신의 형제가 은행가였는데도 항상 나를 찾아와 증권 거래에 관한 조언을 구하곤 했습니다. 나는 페크리에게 증권 투자와 관련된 기술적 부분을 설명해 주었고, 그는 내게 은밀한 정치계의 내막을 알려주곤 했습니다. 그는 저널리스트였지만 라디오 방송국에서도 근무했기에 정치계의 풍문을 접할 기회가 있었던 것입니다.

전쟁이 터지기 몇 주 전 페크리는 절대로 전쟁은 일어나지 않으므로 두려워할 필요가 없다는 정보를 가지고 종종 나를 찾아왔습니다. 그러니까 계속 사야한다고 말입니다. 달라디에Daladier 정부가 물러나고 새로 총리직에 오른 피에르 라발Pierre Laval은 나치와 단치히에서 합의하는 것이 최선이라고 주장했습니다. 당시 모두가 입을 모아 "단치히 때문에 죽을 것인가!"라고 외쳤는데 이는 나치 첩보 요원들이 퍼트린 슬로건이었습니다.

하지만 페크리는 틀렸습니다. 그의 단언과는 정반대로 전쟁이 터지고 만 것입니다. 그 후 페크리는 마침내 히틀러가 동부 전선을 뚫고, 라발 총리가 정권을 장악했다는 뉴스가 터질 때마다 나를 찾아왔습니다(폴란드에서는 전격전이 벌어지고 있었다). 그는 이제 세계 평화가 바로 현관 앞까지 왔으니 우리는 그저 인내심을 가지고 계속 매수해야 한다는 입장을 고수했습니다.

일부는 전쟁 직전까지 평소보다 훨씬 저렴한 시세에 사는 것인 만큼 아무런 리스크가 없을 거라고 믿었습니다. 전쟁이 터지지 않는다면 곧바로 격정적인 상승장을 경험하게 되거나 설령 전쟁이 터진다고 해도 이 세상에 종말이 오는 것이니 무엇을 어떻게 해도 부질없을 것이라는 생각이 팽배했습니다.

하지만 신이시여! 이런 우리의 우매한 생각이 얼마나 큰 오판이었던지! 나 역시 파리 증권가에서 오랫동안 약세장에 투자했었습니다. 처음에 시세는 서서히 하락했지만 나중에는 급격히 폭락하면서 굉장한 이득을 장부에 기록할 수 있었습니다. 내 약세장에 투자 방식은 당연히 매월 연장되는 선물 거래를 통해서였습니다. 매월 초 일명 '현금 정산의 날'이 되면 지난달에 하락한 시세 차익에 의한 수익을 계산했습니다. 지금처럼만 이어진다면 다음 정산 날인 9월 6일쯤에 굉장한 수익을 쓸어 담을 것으로 예상됐죠. 1939년 8월 23일 독소 불가침 조약 체결을 지켜보며 나는 기어코 전쟁이 터지리라는 것을 확신했습니다. 대망의 9월 6일까지는 고작 14일밖에 남지 않았지만 그 며칠이 내게는 흐르지 않는 영원처럼 느껴졌습니다. 하지만 자제력을 잃지 않으려 정신을 다잡으며 이 상황을 어떻게 정리하면 좋을지 신중히 고민했습니다. 만약 전쟁이 터진다면 증권시장도 함께 붕괴될 것이 확실했습니다. 증권거래소는 문을 닫을 것이고, 은행과 은행가들은 정부에 모라토리엄을 선언할 것이 분명했습니다. 그러면 선물 계약을 해지할 수 없는 것뿐만 아니라 주식

거래 담보로 설정된 은행 계좌 역시 동결될 것이 틀림없었습니다. 나는 빠르게 결단을 내렸습니다. 무슨 일이 있어도 주식 계좌만큼은 구해야 했습니다. 계좌에 있는 돈을 전부 인출하려면 우선 약세장 투자 계약을 해지해야 했습니다. 하지만 어떻게 봐도 시세가 계속 하락할 것이라 확신했기 때문에 구미가 당기지 않았습니다.

그사이 내 입맛에 맞고, 안 맞고의 고민은 전혀 중요하지 않은 사안이 되어버렸습니다. 이제 더는 주문이 체결되지 않아 수익을 추가로 쓸어 담을 방법이 없었던 것입니다. 나는 증권거래소와 은행이 문을 닫을 거라고 확신했습니다. 그러므로 이것저것 따지지 말고 가능할 때 통장을 구해야 할 시점이었던 거죠. 나는 약세장에 투자한 계약을 전부 청산한 후 그 예금을 미국으로 송금했습니다. 아버지는 말버릇처럼 종종 이렇게 말하곤 했습니다.

"말은 똑똑하게 하면서 어리석은 행동을 하는 사람이 있는가 하면 실없는 말을 해도 똑똑하게 행동하는 사람들이 있다."

분명 내 처신은 분명히 후자에 속했습니다. 그런데 상황이 예상과 완전히 다른 방향으로 전개되기 시작했습니다. 결국 주변 정황에 대한 내 판단은 그리 정확하지 못했지만 그럼에도 불구하고 행운은 내 편이었습니다. 마침내 전쟁이 터졌지만 증권거래소는 문 닫을 생각이 없어 보였습니다. 심지어 내가 급히 정리한 선물 거래도 계속 이어졌고, 모라토리엄은커녕 외환 거래 규제조차 없었습니다. 결국 그렇게 무사히 9월 6일이 되어 약세장 투자의 마지막 수익을 인출한 후 그것마저 미국에 있는 계좌로 송금했습니다. 그리고 그것은 내게 큰 행운이었습니다. 무슨 일이 일어났을까요?

사실 전쟁이 터지면 돈이 있고 없고는 다 상관없어진다고 생각했던 사람들이 가장 잘못된 판단을 했던 것입니다. 전쟁이 터지고 몇 달, 몇 년이 흐르는 동안 돈이 있는 사람들은 목숨을 구했고, 돈이 없는 사람들은 죽거나 실종되는 경우가 허다했기 때문입니다.

내 저널리스트 친구 또한 아주 잘못된 판단을 했고, 심지어 용납할 수 없을 수준이었습니다. 이미 지난 몇 주간 페크리는 달라디에가 실각하고 라발이 정부를 넘겨받으면 히틀러와 평화조약을 맺을 것이므로 계속 사야 한다는 말만 주구장창 입에 달고 다녔습니다.

하지만 폴란드는 무너진 상태였고, 서구와의 전쟁이 발발했습니다. 독일은 네덜란드를 점령하는 데 성공하면 곧바로 총구를 벨기에로 돌릴 것이었습니다. 긴장감으로 숨쉬기조차 힘든 날들이 이어졌고, 나는 몇 주간 그 친구를 보지 못했습니다. 그러던 어느 날 페크리는 숨이 멎을 듯 긴박한 표정으로 증권거래소에 있던 나를 찾아왔습니다. 아무도 엿듣지 못하도록 나를 살며시 옆으로 데리고 간 친구는 입가에 미소를 머금고 씰룩이며 속삭였습니다.

"친애하는 친구여, 이제 자네가 날 좀 도와주게나. 곧 폭등할 상승장이 올 텐데, 그때 최고의 수익을 보려면 어떤 주식을 사야 하는가?"

페크리의 말에 나는 매우 격양된 음성으로 물었습니다.

"히틀러가 죽기라도 했단 말인가?"

"그럴 리가, 오히려 정반대라네. 나치가 파리에서 30킬로미터 떨어진 곳까지 근접했다는 소식일세. 이틀 후면 여기에 도착하겠지. 그러면 이 지긋지긋한 전쟁도 끝이 나고, 주가도 다시 천정부지로 치솟을 테지. 그러니까 어서 내가 뭘 사야 할지 말 좀 해보게나."

그 순간 페크리의 질문에 뭐라 답할 수 있었을까요? 그가 전한 소식은 세상이 끝장났다는 통보나 다름없었습니다. 눈앞에 증권거래소 직원이 여기저기 바쁘게 뛰어다니는 일상은 평소와 다름없었지만, 불과 모레가 되면 그 나치와 게슈타포가 파리에 당도한다는 사실을 알아버렸습니다. 마치 누군가 무거운 망치로 머리를 한 대 후려친 것만 같은 충격이 엄습했습니다. 순간 눈앞에 보이는 모든 것들이 빙글빙글 돌기 시작했습니다.

그런 상황에서도 눈치 없는 내 친구는 끝까지 어떤 주식을 사야 하냐며 나를 계속 들볶았죠. '그래, 뭐 유대인이 아닌 페크리에게는 아무 상관도 없는 일일 테니까. 마침내 자신만의 사상을 장착한 히틀러가 이곳에 당도한다니'라고 생각했습니다. 히틀러의 사고방식은 나와 판이하게 달랐습니다. 옆에서 계속 반복해서 묻는 친구의 질문에 대답해 주려는 생각이 있었어도 사실 제대로 하지 못했을 것입니다. 그 소식에 심장이 얼어붙는 기분이 든 나는 그대로 돌아서서 증권거래소에서 뛰쳐나왔고, 곧장 택시를 타고 집으로 향했습니다.

그동안에도 히틀러의 승전 정보로 이득을 취할 생각에 들떠 있던 그 친구는 끝까지 주식 추천을 받으려는 생각에 증권거래소에서 갑자기 사라진 나의 행방을 수소문하고 있었습니다. 나는 그가 어떤 주식에 투자하기로 결정했는지 끝내 알 수 없었습니다. 내가 아는 것은 내 판단에 비해 엄청난 착각이었던 친구의 판단은 가히 기념비적이었다는 것입니다. 그가 가져온 정보 중 실현된 것은 라발이 다음 총리직에 올랐다는 것뿐이었습니다. 라발은 나치가 점령한 프랑스의 총리로 선출되었습니다. 그 뒤에도 주가는 상승하지 않았습니다. 그때만큼은 증권거래소도 문을 닫았고, 그 이후로 오랫동안 거래되지 않았으며, 시간이 좀 더 흘러 프랑의 화폐 가치마저 하락했습니다.

하지만 친구가 저지른 가장 큰 실수는 그의 운명을 나치와 한데 묶었다는 데 있습니다. 전쟁이 끝나고 다시 파리에 돌아와 그 친구의 소식을 수소문했는데요. 나치와 협력한 것이 문제가 되어 10년의 징역형을 선고받았다는 소식을 듣게 되었습니다.

그때 나는 어떻게든 당장 파리를 떠나야 한다는 생각밖에 없었습니다. 당시 나는 최고급 신형 자동차인 B14 시트로엥을 구매했습니다. 그때부터 차를 탈 때마다 안전벨트에 천 달러 지폐를 숨겨놓았고, 200달러 지폐와 10만 프랑을 잔돈으로 바꿔서 항상 몸에 지니고 다녔습니다. 예전에 러시아 혁명 이후 망명 과정을 들려준 러시아 지인의 이야기를 떠올렸기 때문입니다. 네바강에 도착한 그의 가족은 강을 건너야만 하는 상황이었답니다. 그러나 다리는 무너졌고, 작은 나룻배만이 있었습니다. 그의 수중에는 돈이 조금도 없었고, 값나가는 것이라고는 어머니의 다이아몬드 반지뿐이었습니다. 어머니는 내키지 않았지만 어쩔 수 없이 반지를 건넬 수밖에 없었는데요. 무려 5캐럿짜리 다이아몬드가 박힌 최고급 반지였습니다. 1캐럿 반지만 준다고 해도 강을 건너는 데 충분했겠지만 그렇다고 그 자리에서 다이아몬드를 쪼갤 수도 없었기에 울며 겨자 먹기로 반지를 건넸다고 합니다. 그리고 그것은 지폐도 마찬가지였다고 합니다. 나는 그 이야기를 교훈으로 삼아 항상 충분한 잔돈을 거슬러서 소지하고 다녔습니다.

02

인맥을
챙겨라

코스톨라니 서둘러 짐을 챙겨서 집을 나서기 전 마지막
으로 주변을 한 번 둘러보았던 게 기억납니다. 두고 떠날 수밖
에 없는 물건들을 애틋한 시선으로 훑으며 작별을 고했습니다.
그때는 파리를 다시는 내 눈에 담지 못할 것이라고 생각했습니
다. 그렇게 내가 사랑했던 사람들, 친구들, 동료들, 익숙한 거리
와 공간 또한 영영 보지 못할 것이라고 말입니다.

메츠거는 페르켈과 함께 일하던 회계 담당자였는데, 그도 파
리를 떠나려던 참이었습니다. 파리의 증권거래소를 닫고 비시로
이전하기로 결정이 났기 때문입니다. 내가 능숙한 운전자가 아니

었다는 점은 내게 큰 행운이었습니다. 면허증이야 있었지만 항상 기사를 고용한 터라 손수 운전한 경우가 드물었거든요. 메츠거와 나는 비시까지 동행하기로 했습니다. 비시에는 나의 연인인 마리아 뮐러^{Maria Müller}가 살고 있었습니다. 독일 카를스바트 출신인 그녀는 평소 메이 레브^{May Reves}라는 가명을 썼습니다. 찰리 채플린의 연인이기도 했던 그녀는 훗날 그때의 일화를 책으로 쓰기도 했죠.

그로스　　　　　그곳까지 가는 여정은 험난했을 듯합니다. 좀 더 자세히 이야기해 주시겠어요?

코스톨라니　　　네, 그랬지요. 파리 곳곳에 인파가 가득했고, 수만 명이 피난길에 오른 터였습니다. 다행히 돈은 충분했습니다. 주유를 하려고 들른 주유소에서 우리는 주인으로부터 휘발유가 규제되기 시작했다는 소식을 접했습니다. 이에 내가 "값을 두 배로 치르겠소."라고 말하자 주인은 "그렇다면 10리터를 드리지요."라고 응수했습니다. 약속한 10리터가 채워진 뒤 나는 "10리터를 더 주시오. 그러면 값을 3배로 치르리다!"라고 외쳤습니다. 양심의 가책을 느낄 상황이 아니었으며, 그것만이 유일한 방법이었습니다. 만약 배고픔이 문제였다면 나는 절대 그런 행동을 하지 않았을 것입니다. 나는 빵과 휘발유는 엄연히 다른 문제라고 생각했습니다. 이를테면 오페라 입장권을 암시장에서 사는 것에 전혀 가책을 느끼지 않았죠. 음악에 대한 열정이 그 무엇보다 압도적으로 승리했기 때문입니다.

얼마 전, 부다페스트가 공산주의 체제이던 시절에 나는 그곳을 방문했습니다. 당시 밀라노의 스칼라에서 내가 가장 좋아하는 작품이었던 베르디의 〈레퀴엠〉 공연이 부다페스트 오페라에서 상연되었기 때문입니다. 어떻게든 티켓 두 장을 구해보려 했지만 이미 전석 매진이었습니다. 그래서 친해진 호텔 도어맨을 찾아가 그에게 말했습니다.

"베르디 레퀴엠 오페라 티켓 두 장이 필요합니다." 그는 예상대로 불가능할 거라고 대답했습니다.

"암거래상을 통해서는 어떨까요?"라고 묻자 그는 "아마 그곳에도 없을 겁니다."라고 대답했습니다.

"하지만 어딘가에서 구할 수 있을 텐데요. 값은 얼마라도 치를 수 있소." 내가 진중한 표정으로 말하자 도어맨이 내게 물었습니다.

"손님은 입장권 2장에 얼마나 지불하실 의향이 있으신가요?"

"1,000포린트요."

내 대답에 그는 까무러칠 것 같은 기색이었습니다. 그에게는 상당한 금액이었지만 나에게는 그저 40마르크에 불과했습니다. 도어맨은 황급히 누군가에게 전화를 걸더니 이렇게 말했습니다.

"여보세요. 안녕하십니까? 도어맨이 전화드립니다. 죄송하게도 요청하신 공연 티켓과 관련하여 연락을 드렸습니다. 제가 잘못된 정보를 드린 것 같군요. 이미 매진이라 구할 수가 없습니다." 전화를 끊은 후 그는 내게 말했습니다.

"코스톨라니 씨, 여기 말씀하신 티켓 2장이 있습니다."

1946년 잘츠부르크 축제에서도 비슷한 일이 있었습니다. 유명 축제 기간이라 어디에서도 방을 구할 수가 없었죠. 나는 '뮌헨 호프' 호텔을 찾아가 방을 하나 내어달라고 요청했습니다. 도어맨은 기대했던 대로 대답했습니다.

"죄송합니다. 지금은 객실이 만실입니다."

"불가능하오? 그럴 리가 없을 텐데." 내가 말했습니다.

"정말 없습니다. 제가 더는 어떻게 해드릴 수가 없을 것 같군요." 그가 단호히 말했습니다.

"잘 들어보시오." 내가 말했습니다.

"여기 객실료가 어떻게 됩니까?"

"이래저래만큼의 실링입니다."

"만약 방금 말한 객실료의 두 배를 지불하면 어떻겠습니까? 객실료 이외의 금액은 당신 몫으로 챙겨도 좋습니다만."

그리고 정확히 10분 뒤에 나는 객실에 입실할 수 있었습니다.

연료를 가득 채운 후 메츠거와 나는 다시 비시를 향해 출발했습니다. 파리에서는 베강Weygand 장군이 루와르강(프랑스에서 가장 긴 강)을 따라 방어 전선을 구축하며 독일군에 맞서고 있다고 공표했습니다. 출발 후 얼마 지나지 않아 우리는 거의 시냇가라 할 정도로 좁은 강의 다리에 도착했습니다. 창밖을 보다 깜짝 놀라서 친구에게 잠시 차를 멈추라 부탁한 뒤 차에서 내렸습니다. 도저히 내 눈을 믿을 수가 없었습니다. 다리 앞에 놓인 표지판에는 루와르라고 쓰여 있었던 것입니다.

"루와르강! 이 강이 루와르라고?" 나는 메츠거를 돌아보며 물었습니다.

"저 강이 정말 루와르라면 나는 미국으로 가야겠네."

나중에 파리로 돌아온 메츠거는 우리와 친한 지인들에게 당시 내가 했던 말을 그대로 전했고, 그 말을 들은 사람들은 박장대소하며 내 말을 종종 인용했다고 전해 들었습니다. 심지어 라디오에서도 언젠가 그 이야기가 나왔다고 합니다. "파리에서 피신하던 한 망명자가……."

교통이 마비된 탓에 비시까지의 여정은 여러 날이 소요됐습니다. 나는 마침내 비시의 알버트 1세 호텔 정문에 도착했지만, 파리에서 독일군을 끝내 막아내지 못했다는 소식에 곧바로 다른 곳으로 이동할 생각을 하고 있었습니다. 다만 메츠거까지 갈 필요는 없었습니다. 그는 유대인이 아니니까요. 그래서 나는 내 시트로엥을 그에게 넘긴 후에 운전기사가 딸린 자동차를 렌트하고자 호텔 도어맨에게 문의했습니다. 그러자 아니나 다를까, 예상한 대답이 돌아왔습니다.

"지금 자동차를 빌리는 것은 불가능합니다."

이 게임은 반복됐습니다. 도어맨은 내가 렌트비로 얼마를 지불할 수 있는지 물어보았고 나는 차를 구했습니다. 내가 새로 구한 기사를 만나기 위해 호텔을 나서자 도어맨은 나보다 먼저 비시에 도착하여 같은 호텔에 투숙 중이던 아드리앙 페르켈에게 갔습니다. 그때 나는 페르켈을 통해서 객실을 구했습니다.

"코스톨라니 씨는 흡사 무언가에 쫓기는 사기꾼처럼 보입니다."도어맨이 말했습니다.

"그게 무슨 말인가! 아니 왜 그렇게 생각하는 거지?"페르켈이 물었습니다.

"그분은 의심의 들 정도로 급하게 이곳을 떠나려고 하시지 않습니까?"도어맨이 대답했습니다. 심각한 도어맨의 대답에 페르켈은 큰소리로 껄껄 웃으며 그를 진정시켰다고 합니다.

출발 준비를 끝낸 바로 그다음 날 아침 비아리츠Biarritz로 향했습니다. 물론 이 여정 역시 며칠이 더 소요됐습니다. 하지만 비아리츠에서는 전쟁 분위기가 그리 느껴지지 않았습니다. 그만큼 전선은 그곳에서 멀리 떨어져 있었습니다. 나는 라디오에서 프랑스 정부가 절대 넘지 않을 경계선을 정하는 것을 독일과 합의했으며 그 선 너머 프랑스는 자유를 되찾을 거라고 공표하는 페탱 Pétain 원수의 연설을 들었습니다.

그로스   이제 비아리츠에서 미국으로 가게 된 사연이 궁금해지네요. 비아리츠에서 미국까지는 어떻게 이동하셨나요?

코스톨라니   나는 과거 히틀러가 약속에 어떻게 대처했는지를 똑똑히 기억하고 있었습니다. 그는 약속을 지키지 않아요. 그래서 그들이 말하는 평화를 전혀 신뢰하지 않았죠. 내 결심은 확고했고 그래서 미국으로 떠나기로 결정한 것입니다. 비아리츠에 머물 때 부다페스트에서 친분을 쌓은 한 부부와 우연히 만났습니다. 남편인 라씨 보로스 Lassi Boros 는 대형 부다페스트 신문사의 편집장이었고, 그의 아내는 부다페스트 증권가의 약세장 투자계의 가장 큰손인 구스타브 호프만의 딸이었습니다. 보로스 역시 미국으로 떠날 의향이 있었으므로 우리는 우선 스페인까지 함께 이동하기로 결정했습니다.

주머니에는 아직 10만 프랑이 남아 있었습니다. 하지만 곧 프랑의 가치가 곤두박질치며 평가절하될 것이라는 확신 아래 어떻게든 돈을 전부 써버려야겠다는 생각이 들었습니다. 그래서 비아리츠에서 가장 세련된 거리를 찾아가 곧장 에르메스Hermés 매장에 들어갔습니다. 그런데 웬걸, 브랜드의 주인인 에르메스 씨가 직접 맞이하는 게 아닙니까! 그 또한 파리에서 비아리츠로 피신을 온 것입니다. 내가 가진 프랑을 전부 그에게 건네고 최고급 핸드백과 액세서리를 구매했습니다. 그때 구입한 물건들은 벌써 45년이 지난 터라 다 닳아서 이제는 없습니다. 아, 하나만 빼고요. 은빛 남성용 세면도구 케이스가 달린 서류 가방은 단 한 번도 사용하지 않아서 아직까지 고이 보관하고 있습니다. 언젠가 에르메스 측에서 에르메스 박물관에 전시할 용도로 5만 프랑을 제안하며 그 서류 가방을 되사고 싶어 했죠.

그로스　　　　　위급한 상황에 빠른 판단을 하셨습니다. 전시에도 돈은 필요하니, 가능하면 가치 있는 걸 지니고 있는 게 좋겠군요.

코스톨라니　　　　네, 그렇다고 할 수 있지요. 쇼핑을 마친 후 나는 다음 목적지로 길을 떠났습니다. 보로스 부부도 그렇지만 나 또한 스페인 비자는 발급받아 놓은 상태였습니다. 하지만 프랑스 영토를 벗어나려면 바욘Bayonne 지방 장관이 승인한 출국 비자가 필요했습니다. 비자를 신청한 후 대기실에서 기다리는 동안 체구가 크고 뚱뚱하며 우락부락하게 생긴 한 남자가 안으로 들어왔어요. 나는 곧바로 그를 알아보았죠. 그는 상원 의원이기도 한 바론 모리스 로스차일드Baron Maurice Rothschild 남작으로 파리 로스차일드 본가 전 가주의 사촌이었습니다. 그는 거친 목소리로 말했습니다.

"지방 장관에게 할 말이 있다네!"

그러자 직원이 그에게 물었습니다.

"실례지만 누구신지요?"

"상원 의원 로스차일드 남작이라네."

"우선 자리에 앉으시지요."

그러자 직원은 명령조로 말했습니다. 그 광경은 참으로 충격적이었습니다. 로스차일드 남작의 행태 역시 그리 마음에 들지 않았지만, '그 로스차일드 가문의 사람을 저런 식으로 대하다니 그것도 상원 의원인데? 설마 유대인 혐오주의가 파리에서 이미 비아리츠까지 퍼져서 저러는 거라면, 도대체 나는 어떤 대접을 받게 될 것인가?'라는 생각이 들었습니다. 하지만 다행히도 이런 내 걱정은 빠르게 사라졌습니다. 담당 직원이 즉시 사무실에서 나와 이렇게 말했기 때문입니다.

"존경하는 남작님, 잠시만 기다려주시겠습니까. 장관님께서 곧 만나시겠다고 합니다."

그제야 세상이 다시 괜찮아진 것만 같았죠. 훗날 알게 되었지만 모리스 로스차일드의 망명은 바온에서처럼 순조롭지 못했다고 합니다. 그는 나처럼 스페인을 거쳐 버뮤다에 도착했고, 그곳에서 비자를 신청하기 위해 미국 영사관을 방문했다고 합니다. 그는 영사관 직원에게 여권을 건넸고, 미국 영사가 여권을 열자 그 안에 100달러짜리 지폐가 두 장 접혀 있었다고 합니다. 이를 확인한 영사의 답변은 즉각적이고 냉정했습니다.

"남작님, 당신에게 비자를 발급해 드릴 수 없습니다. 그리고 앞으로도 절대 받지 못하실 겁니다."

모리스 로스차일드는 아마 그런 방식으로 미국 영사를 회유할 수 없다는 것을 알지 못했던 것입니다. 미국에서도 각 주의 판사와 정치인은 돈으로 매수가 가능할지언정 미국 연방 정부의 공무원인 영사만큼은 절대로 돈으로 매수되지 않았죠. 그렇게 미국 비자를 발급받는 데 실패한 로스차일드는 결국 캐나다로 망명했습니다. 하지만 이러한 실패는 그에게 아무런 영향도 미치지 않은 것으로 보입니다. 1950년 초 그가 별세한 뒤 언론에 공개된 그의 유산은 2억 7,700만 달러로, 환산하면 10억 마르크가 넘는 금액이었습니다. 그의 아들 에드먼드 로스차일드가 최대 수혜자가 되었고 훗날 로스차일드 가문 중에서도 가장 부유한 자손이라는 기록을 남겼습니다. 다만 여러 번의 이혼을 반복하며, 부인들에게 재산을 나눠줘야 했지요.

로스차일드 남작보다 조금 더 오래 기다렸지만 나와 보로스 부부도 출국 비자를 발급받을 수 있었습니다. 우리는 함께 전쟁의 소용돌이에서 멀리 떨어진 삶을 살고 있는 스페인의 도시, 산 세바스티안San Sebastian으로 향했습니다. 수중에 남은 돈은 나중에 다시 가져올 수 있도록 스페인을 떠날 때 여권에 등록했습니다. 그것이 당시의 규정이었습니다.

산 세바스티안에서는 날마다 프론톤Fronton을 보러 갔습니다. 독일에서는 이 경기를 스쿼시라고 부르죠. 직접 경기를 하지 않아도 각 팀에 돈을 걸 수 있었습니다. 나는 이 경기를 관람하며 시간을 보냈습니다. 물론 투우도 빠지지 않고 관람했습니다.

언젠가 그곳에서 알게 된 친구와 거리에 있는 카페를 지나가고 있었습니다. 그때 나와 동행한 지인이 카페테라스에 앉아 있는 못생기고 뚱뚱한 남자를 슬쩍 가리키길래, 나도 그를 흘낏 보고는 그에게 물었습니다.

"저 사람은 누군가?"

"호라체 피날리Horace Finaly지 않나."

호라체 피날리는 독일의 은행가였던 헤르만 요제프 압스

Hermann Josef Abs처럼 당시 프랑스를 대표하는 파리바 은행Banque de Paribas의 총재로 압스보다도 훨씬 영향력 있는 사람이었습니다. 피날리는 파리에서 명실상부한 실세였습니다. 그는 프랑스 중앙은행의 총재를 지명하고 심지어 정부를 실각하게 할 힘마저 지닌 인물이었습니다.

파리바 은행은 가장 규모가 큰 신용 기관으로, 여러 지사를 둔 예탁 기관이 아니라 유대인 금융 자본가가 이끄는 순수한 신용 기관이었습니다. 반면 크레딧 리옹Credit Lyonnais의 총재는 가톨릭교도였고, 유니온 파리Banque Union Parisienne의 총재는 개신교도였습니다. 피날리의 명성은 유일무이했습니다. 사람들은 피날리가 프랑스에서 가장 똑똑한 사람이라고 말했습니다. 부다페스트에 거주하는 그의 부모는 빈에 사는 삼촌이자 로스차일드 은행의 파트너였던 호라체 란다우Horace Landau로부터 막대한 재산을 상속받았다고 합니다. 유산을 상속받은 후 피날리 가문은 대단한 문예 애호가였던 어머니의 강력한 의견에 따라 문학 살롱이 활성화되어 있던 파리로 이주했다고 합니다. 그리고 마르셀 프루스트Marcel Proust가 속한 프랑스 지성인들 사이에서 호라체 피날리는 성장했습니다. 훗날 피날리는 매우 뛰어난 바이올린 연주자이며 대단한 딜레땅트(전문가가 애호가 입장에서 예술 제작을 하는 사람)가 되었습니다.

피날리는 파리바를 가장 막강한 은행으로 키워냈습니다. 1946년에 별세하며 수억 파운드의 유산과 소더비 경매장에서 2백만 파운드의 경매가를 기록한 서고를 유산으로 남기기도 했죠. 카페에 앉아 있는 그를 본 이후에 우연히 그와 친분을 쌓는 계기가 생겼습니다. 그 사연은 제법 흥미롭습니다. 잠깐 이야기해 보죠.

1938년 무렵 파리에 머물던 시절 영어로 된 서신 한 통을 받았습니다. "친애하는 코스톨라니 씨, 나는 어두운 미국 여자입니다Dear Mr. Kostolany, I am a dark American girl."

빈 출신이라고 밝힌 그 여성은 내 친구인 카우프만 박사로부터 내 주소를 받았다고 서신에 설명했습니다. 프랑스를 방문하려던 그녀는 내게 안내를 부탁했습니다. 나는 흔쾌히 그녀에게 전화를 걸었습니다. 그녀의 이름은 카르멘 B.였고, 우리는 만나기로 했습니다.

약속한 기일이 되어 그녀가 투숙한 암바사도르 호텔로 마중을 갔습니다. 마침내 편지로만 소통하던 그녀와 만난다는 생각에 다소 긴장한 상태였습니다. 내가 세운 그날의 일정은 당시 파리에서 가장 우아한 레스토랑이 모여 있는 크레메르Cremaiere로 안내하는 것이었습니다. 그때 호텔 로비에서 기다리고 있는데 한 흑인 여성이 계단을 내려오더니 나를 향해 똑바로 걸어

오는 게 아닙니까. 그녀가 바로 나와 약속한 카르멘이었던 것입니다. 그녀는 매우 아름다웠지만 정말 흑인일 거라고 생각조차 하지 못했습니다. 'dark'라고 표현했던 것은 머리카락 색이라든가 어두운 성격 등을 에둘러 표현한 것이라고만 여긴 탓이었습니다. 더욱이 그 시절에는 흑인이 상류층에 낄 수 없다는 생각이 지배적이었으므로 흑인일 가능성조차 배제했습니다.

나는 계획을 서둘러 수정했습니다. 크레메르 지역은 흑인인 여성을 데리고 가기에 부적절했기 때문입니다. 애석하게도 그때는 그랬습니다. 대신 우리는 몽파르나스로 가서 훨씬 더 즐거운 시간을 보냈습니다. 나는 카르멘이 런던으로 떠나기 전까지 파리 곳곳을 안내했습니다. 카르멘이 런던으로 갔을 때는 큰형 엠머리히에게 보냈습니다. 엠머리히도 나와 똑같이 놀랐지만 마찬가지로 그녀와 함께 즐거운 시간을 보냈습니다.

하지만 그 이후 그녀와의 연락이 끊어졌습니다. 그러던 어느 날 내 뉴욕 펜트하우스 아파트에서 몇몇 지인들과 모임을 가졌을 때입니다. 어렸을 때부터 친구인 요리 그륀발트 Jori Grünwald 가 내게 말했습니다.

"앙드레, 내가 빈에서 온 미모의 흑인 여성을 알게 되었다네."

혹시나 하는 마음에 그녀의 이름이 카르멘 B.가 아닌지 물었습니다. 하지만 그 친구는 그녀의 이름을 정확히 알지 못했고,

그저 우연히 알게 된 유일한 흑인 여성이라고만 설명했습니다. 나는 오랜만에 카르멘에게 연락을 하고는 다시 만날 약속을 잡았죠. 그녀는 명문가인 매디슨 에비뉴의 아주 큰 저택에서 백인인 친구와 함께 살고 있었습니다. 그 이후로도 종종 카르멘과 만났습니다. 몇 달 후 한참 서로 소식을 전하지 못하고 있다가 불현듯 카르멘이 전화를 걸어왔습니다.

"안녕, 앙드레 씨! 어떻게 지내세요? 당신에게 내 연인을 소개해 주고 싶어서 연락했어요. 헝가리 출신이지만 파리에서 은행가로 일하고 지금은 뉴욕으로 망명 온 사람이거든요!"

"그래요? 이름이 뭡니까?" 내가 물었습니다.

"호라스 피날리예요." 그녀가 대답했습니다.

그렇게 그 거물 은행가와 안면을 트게 되었습니다.

다시 산 세바스티안으로 돌아가겠습니다. 그곳에서 몇 주를 머무른 후 나를 아들처럼 챙기던 카를로스 소리아Carlos Soria 박사가 있는 마드리드로 떠났습니다. 소리아 박사는 아르코 백작과 함께 텔레퐁켄Telefunken의 설립자였습니다. 파리에서 친해진 독일의 범죄 소설 작가, 프랑크 아르나우Frank Arnau에게 그를 소개받았죠. 소리아와 우연히 기차에서 만나 알게 된 프랑크는 히틀러가 장악한 독일을 벗어나 스페인으로 망명하는 과정에서 스페인 여권을 받는 데 소리아의 도움을 받았죠. 소리아와 나는 매우 친밀한 사이였지만 나이 차이가 많았으므로 흡사 아버지와 아들 사이 같았죠. 그러한 나이 차이에도 친해진 비결은 음악에 대한 공통된 애정 때문입니다. 소리아 박사는 나만큼이나 바그너의 열혈 팬이었습니다. 주말이 되면 소리아 박사는 종종 마드리드의 빌라로 나를 초대했습니다. 지멘스는 소리아 박사의 수입을 보장하기 위해 별도의 직위를 마련해 주었습니다. 훗날 박사는 그의 아들들처럼 미국으로 이민했지요. 그래서 미국에서 다시 그와 밀접한 관계를 이어갈 수 있었습니다.

물론 그 전에도 소리아 박사는 내 이민을 물심양면으로 지원했습니다. 나를 자신의 차에 태워 비고로 이동시켜주었거든요. 커다란 대형 여객선이 비고에서 미국으로 출항했던 것입니다. 당시 나는 미국에서 휴가를 보내고 싶다는 목적 아래 여행 비자를 발급받았는데, 당시만 해도 이민 비자를 받는 것은 거의 불가능했습니다. 자산이 매우 많은 재력가였던 탓에 유대인 망명자로 분류되지 않았고, 내 방문 목적은 그대로 승인되었습니다. 천만다행으로 당시 헝가리가 독일에 점령되지 않았기에 그와 같은 비자 발급이 가능했던 것입니다.

6장

생사의 갈림길

01

난민이 되어도
살길은 있다

그로스   독일계 유대인들의 경우는 달랐을까요? 그러니까 전쟁의 소용돌이에서 탈출한 때 말입니다.

코스톨라니   그렇습니다. 당시 그들에게는 여행 비자가 발급되지 않았죠. 독일계 유대인이 고국으로 귀국할지 불분명했기 때문입니다. 하지만 헝가리는 점령된 상태가 아니었으므로 우리는 유대인 망명자로 분류되지 않았죠. 뉴욕에서 머무는 동안 나는 여행 비자를 계속 연장해야 했습니다. 그 이후 얼마 지나지 않아 여행 비자로 미국에 입국한 헝가리인들에게 형가리와 체결한 이민 비율에 따라 지원을 허락하는 관련 규정이 제정되었습니다. 하지만 어차피 전쟁으로 더는 미국으로 올 수 있는 헝가리인은 없다시피 했으므로 이 할당 비율은 무의미했습니다.

당시 미국의 난민 정책은 흥미로운 구석이 조금도 없었습니다. 난민 정책이 근본으로 삼은 원칙은 내가 알기로는 더는 유효하지 않아요. 이와 관련하여 내가 무슨 말을 하고 싶은지를 명확하게 보여주는 두 가지 에피소드와 실제로 겪은 경험담을 들려주겠습니다.

첫 번째는 미국의 청교도적 측면을 보여주는 일화입니다. 미국의 유명 여객선이 유럽의 난민들을 싣고 멕시코로 향하고 있었습니다. 배에는 헝가리계 유대인과 그와 결혼하지 않았지만 부부인 척 객실을 같이 쓰고 있는 독일 여성이 함께 타고 있었습니다. 남자의 직업은 보석상이었고 언제라도 주머니에서 꺼내 팔기라도 할 것처럼 보석을 소지하고 다녔습니다. 훗날 나도 그에게 커프스단추를 몇 점을 구매했습니다. 여객선이 대서양 한가운데 있을 때 멕시코 정부는 유대인 난민을 받지 않겠다고 선언하며 발급한 비자를 전부 취소했습니다. 원칙대로라면 여객선은 독일이 점령한 출항지로 회항해야 했고, 이는 망명자들에게 대참사나 마찬가지였습니다. 하지만 엘리너 루스벨트, 미국

영부인이 이 일에 발 벗고 나섰습니다. 미국 의회와 격렬하게 맞서 싸운 영부인은 의회로부터 여객선이 미국에 정박하고, 승객에게 비자가 없더라도 입국을 허용하는 결정을 승인받았죠. 난민들은 미국에 도착해서 전부 출입국 사무소 앞에 한 줄로 섰습니다. 그들 중에 방금 말한 헝가리 보석상 데쇼피Deschöfi가 있었습니다. 그의 이름이 호명되었고, "데쇼피, 헝가리 출생, 유대인, 보석상, 객실 355, 통과!"라는 말과 동시에 여권에 입국 도장이 쾅 찍혔죠. 다른 승객들의 순서가 이어진 후 조금 뒤 그의 아내의 차례가 되었습니다.

"독일인, 아리아인, 이래저래 재산이 많음, 객실 355."

"잠시만요." 그때 출입국 사무소 공무원이 말했습니다. "아까 객실 355에 투숙한 다른 사람이 있었는데, 그를 다시 불러오시오. 당신들은 같은 객실을 이용한 것입니까?"

"그렇습니다." 데쇼피가 대답했습니다.

"우리는 인생의 동반자이니까요."

그러자 의아한 눈초리로 출입국 사무소 직원이 말했습니다.

"그렇습니까, 하지만 미국에서는 아니랍니다. 여기, 배 위에서 당장 결혼하지 않는다면 당신들을 돌려보내는 수밖에 없겠군요."

이에 되돌아갈 의사가 전혀 없었던 그들이 그 자리에서 결혼을 선택하자 그제야 철저한 청교도 국가인 미국은 그들의 입국을 허용했습니다.

그로스 흥미진진하게 잘 들었습니다. 긴박한 상황인데, 잘 넘어갔군요. 두 번째 이야기도 궁금해지는군요.

코스톨라니 네, 두 번째 에피소드는 트란실바니아에서 온 호니히 가족의 실화입니다. 아내와 딸 그리고 아들과 함께 온 호니히 일가족은 시민권 신청 권리를 얻기 위해 미국 관할청에 영주권 신청을 하였습니다. 그들은 심사를 위해 워싱턴 법원에 출두해야 했으며 정확한 시간에 출석했습니다. 호니히 가족은 잔뜩 긴장한 상태였지만 판사는 판에 박힌 의례적인 질문만 던졌죠.

"당신에게 미국이란 어떤 의미입니까? 왜 이곳에서 살고 싶은 겁니까?"

아버지 호니히가 가장 먼저 나서고, 그 이후 어머니와 딸 순서로 진행됐습니다. 그 집의 아들의 순서에 이를 때까지 모든 것이 순조롭게 흘러가는 것만 같았습니다.

"당신에게 미국이란 어떤 의미입니까? 왜 이곳에서 살고 싶은 겁니까?"

그 말 끝에 다음과 같은 발언이 터져 나왔어요.

"저는 미국이 최악의 선택이라 생각합니다. 아버지 때문에 어쩔 수 없이 이곳에 온 것입니다. 따라서 이곳에 살고 싶은 마음은 눈곱만큼도 없습니다. 진정한 민주주의는 전혀 없고 가장 끔찍한 파시즘만 있을 뿐입니다. 아, 정말 최대한 빨리 이곳에서 벗어나고 싶은 마음밖에 없군요. 전 미국을 증오합니다."

판사는 깜짝 놀라 눈을 둥그렇게 뜨고 그의 말을 경청했습니다. 재판소 직원은 서둘러 밖으로 뛰어나가 밖에서 대기 중인 나머지 가족들에게 안에서 벌어지는 소동을 전했습니다. 순간 호니히 일가는 넋이 나간 듯 한숨을 쉬었습니다. 눈앞에 잡힐 것만 같던 그들의 행복이 산산조각 나는 것만 같았죠. 잠시 후 인터뷰 결과를 알리는 선고가 이어졌습니다. 아버지의 신청은 통과되었고, 어머니와 딸의 신청까지 전부 승인되었습니다. 그리고 감히 언급하기조차 무서운 그 집 아들까지 이례적으로 전부 통과되었습니다. 그 근거는 다음과 같았죠. "미국을 증오하는 것은 그의 권리다. 미국인이 되기 위해서 무엇이든 발언하는 것은 허용되지만, 공산주의자만은 되지 말아야 할 것이다. 벌컥 화부터 내는 사람은 사고방식부터 지켜봐야 할 것이다."

나 또한 경험담이 있습니다. 뉴욕에서 장기간 체류하던 시절에 리스본의 옛 친구로부터 편지를 받았죠. 그의 이름은 에밀 바이스Emil Weiß로 빈에서 활동하던 옛 증권업자였습니다. 그는 서신에 미국에 오고 싶다며, 돈이 있다는 것을 입증만 할 수 있다면 비자를 발급받을 가능성이 높아진다고 했습니다. 그러면서 혹시 내 돈으로 근거 서류를 위조할 수 있는지를 조심스레 물었죠. 나는 옛 친구를 모른 척할 수 없어서, 잘 아는 브로커 회사에 바이스의 이름으로 계좌를 열고 5,000달러를 예치했습니다. 그러고는 바이스가 입출금 명세서를 발급받자마자 내 돈을 전부 인출했습니다. 그렇게 에밀 바이스는 미국 땅을 밟았습니다.

그로부터 6개월이 흐른 뒤 나는 출입국 사무소의 감독관으로부터 소환장을 받았습니다. 문제가 된 사건과 관련하여 시비를 가려야 사항이 있으니, 관련 증빙서류를 지참하라고 적혀 있었습니다. 무슨 일인지 도무지 예측되지 않는다는 얼굴을 한 나를 아일랜드계 공무원이 예리한 시선으로 응시했습니다. 그는 사무적인 음성으로 말했습니다.

"코스톨라니 씨 여기 앉으시죠." 그런 뒤에 그는 말을 이어갔습니다.

"코스톨라니 씨는 리스본에 있는 바이스 씨에게 통장 입출금 명세서를 보내셨군요. 당신의 지인이 비자를 받는 데 사용하도록 통장에 5,000달러를 입금하신 후 나중에 다시 인출해 가셨네요. 맞습니까?" 너무 놀라 나는 곧바로 시인했습니다. 그러자 감독관이 말을 이어갔습니다.

"왜 그러신 거죠? 그 대가로 금품을 받으셨습니까?"

"돈 말입니까?" 내가 대답했습니다.

"아니요. 그는 내 오랜 친구라서 그저 돕고 싶었을 뿐입니다."

그 말을 하는 나는 확신에 찬 표정이었을 것으로 추정됩니다. 단번에 감독관이 내 말을 믿어주기도 했고, 정황상 그에 반하는 근거가 전혀 없었기 때문입니다. 그럼에도 불구하고 나는 감독관으로부터 열정적인 설교를 들어야 했습니다.

"제 말을 잘 들어보십시오." 감독관이 말했습니다.

"그런 조작은 법으로 금지되어 있습니다. 하지만 당신이 돈이 아니라 우정으로 그런 위법을 저지른 것이라 확신하는 바 이번만큼은 살짝 눈을 감아드리죠. 이제 가보십시오. 그리고 다시는 그런 일을 하시면 안 됩니다!"

나는 한결 가벼워진 마음으로 관청을 나서며 생각했습니다. '이것이 미국이구나. 자유와 인도주의 정신의 국가.'

그로스　　　　　　미국에서의 삶을 꾸리기까지 여러 우여곡절이 있었습니다. 힘든 시기였을 것 같은데요.

코스톨라니　　　네, 그랬지요. 그리고 그 이후 그와 비슷한 일이 또 한 번 벌어졌습니다. 대서양에 나포된 배에서 스위스 은행에 내가 쓴 편지가 영국인들의 손에 떨어진 것입니다. 내가 일정 금액을 부다페스트의 라호스 칸Lajos Kann에게 송금하라고 요청한 내용이었습니다. 라호스 칸은 헝가리어로 개명하지 않은 아버지의 본명이었습니다. 하지만 전쟁 중인 적국에 돈을 송금하는 것 자체를 금지하던 시기였으므로 이런 내 행동은 위법에 해당됐습니다. 나는 그 행동을 다음과 같이 항변할 수밖에 없었습니다.

"하지만 꼭 해야만 했습니다. 그래도 제 아버지이니까요."

"아버지요? 어떻게 그렇게 됩니까?" 관할 공무원이 질문했습니다.

"아버지의 이름은 저와 다릅니다." 그에게 개명 과정을 설명하고 이를 입증하는 증거를 제시하자 관청에서는 또 한 번 눈을 감아주었습니다. 미국은 가족과 인도주의적 사유로 법에 저촉되어도 매우 관대한 처우를 취했습니다. 만약 이 두 사건에서 내가 돈을 목적으로 위법을 저지른 것이었다면 분명 나는 추방됐을 것입니다.

게다가 관청에서 조금은 어리숙한 척 행동했습니다. 지나치게 명석한 태도를 취하는 유대인 난민에게는 의심과 불신의 눈초리가 따르는 경향이 있었기 때문입니다. 이는 관청뿐만 아니라 은행도 마찬가지였습니다.

한번은 프랑스 달러 채권과 관련하여 문제가 생긴 적이 있었습니다. 나는 만기가 도래한 채권을 상환받기 위해 체이스 맨하튼 은행에 갔습니다. 그러나 그 후로 몇 주가 지났지만 깜깜무소식이었습니다. 그래서 다시 체이스 은행을 방문했습니다. 은행장은 거들먹거리며 우선 정확히 검증하는 절차를 거쳐야 한다고 설명했습니다. 하지만 그런 그의 말은 악의가 짙은 농담이 분명해 보였습니다. 은행장이 말한 절차는 고작 몇 분이면 진위 여부를 확인할 수 있었기 때문입니다. 프랑스였다면 훨씬 강경하게 대처하며, 내가 그보다 이 분야를 훨씬 더 잘 알고 있노라고 맞받아치기를 주저하지 않았을 테지만 그곳은 미국이었습니다. 여기서 불신을 키운다면 일이 더 복잡하게 꼬일 가능성이 있었습니다. 그래서 결국 체이스 은행의 행장이 자신이 우월하다고 느끼는 기분에 흠뻑 취할 수 있도록 한 수 접고 조금 어수룩한 입장을 취했습니다. 그러자 며칠 뒤 채권이 지급됐습니다.

02

파시스트

코스톨라니　　　그 밖에 관련 당국에서 관심을 둘 만한 사건이 또 하나 있었습니다. 파리에서 내 개인 고객 중에 빈 출신인 아르민 바인레브 Armin Weinreb라는 슬로바키아인이 있었습니다. 그는 나와 투자에 대해 견해 차이를 보였는데, 내가 괜찮다고 생각하는 것을 바인레브는 전혀 납득하지 못했던 것입니다. 훗날 내가 뉴욕에 머물던 그때 바인레브가 나를 신고했습니다. 그는 경찰에 나를 고발하고 내가 위험한 파시스트이며 무솔리니에게 헌신하며 수에즈 운하를 반대하는 책을 집필했다고 주장했습니다. 당연히 말도 안 되는 헛소리였습니다. 물론 수에즈 운하에 관한 책을 쓴 적이 있지만 반대하는 입장이었고, 무솔리니의 사주를 받은 적은 결단코 없었습니다. 하지만 관청은 바인레브의 주장을 매우 진지하게 받아들였습니다. 당시 수에즈 운하로 촉발된 문제가 정치적으로 매우 큰 파괴력을 행사하고 있었기 때문입니다. 수에즈 운하는 결국 이탈리아가 프랑스를 공격하는 결정적인 계기가 되었습니다.

당국 공무원은 뉴욕에서 내 첫 번째 증권 중개인으로 헝가리 출신의 나와 친한 알렉스 폴즈Alex Foldes에게 문의했습니다.

"말해보십시오. 코스톨라니 씨가 정말 파시스트인가요?"

"파시스트라니요? 왜 그러십니까?"

"우리는 그가 파시스트이며 무솔리니의 의뢰를 받아……."

그러자 내 친구가 큰소리로 웃으며 말을 잘랐습니다.

"코스톨라니가 파시스트라고요? 그는 유대인 난민으로 뉴욕에 왔습니다."

하지만 결국 그 고소 덕분에 나는 전쟁에 소집되지 않았죠. 조사를 하느라 소집 명령이 유예됐기 때문입니다. 그리고 내가 군대에 가야 할 시점에 병사의 최고 연령이 35세로 제한되면서 아예 소집령에서 배제됐습니다.

이렇게 운 좋은 상황이 이어졌습니다. 내 직계 가족에게서 온 비보와 슬픔에도 불구하고 나는 전혀 해를 입지 않았어요. 런던의 한 민영 은행에서 근무했던 내 큰형 엠머리히는 그 당시 런던에 있었고, 나중에 런던에서 사망했습니다. 벨라는 마침내 바르셀로나에 정착했습니다.

제2차 세계대전이 터지고 벨라가 파리로 찾아온 적이 있습니다. 전쟁이 터지자 벨라는 부다페스트로 되돌아가기를 꺼려했지만, 외국인 신분이어서 직장에 의한 체류 허가를 받은 나와 달리 계속 파리에 머무를 자격이 없었습니다. 그래서 벨라에게 비아리츠 근처의 헨데이 Henday로 가라고 조언했습니다. 그곳에 내게 아버지나 다름없는 카를로스 소리아 빅사가 체류하고 있었기 때문입니다. 선량한 소리아 박사는 벨라를 돕는 일에 조금도 망설이지 않았죠. 하지만 벨라가 소리아 박사와 접선한 헨데이 역시 프랑스 영토라서 벨라는 또 다른 곳으로 이동해야 했습니다. 벨라는 차로 리스본까지 이동한 후 예수회에 몸을 의탁하고 그곳에서 피난 신청을 준비했습니다. 파리에서 예수회 수도자들과 연락이 닿은 나는 파리 예수회 목사의 추천서를 받아 벨라에게 보내주었습니다. 벨라가 리스본에 체류 허가를 받는 데 도움이 될 거라고 생각했습니다. 그러나 벨라가 체류 허가를 신청하고 내가 보낸 추천서를 제출했음에도 리스본 당국은 전혀 호의를 보이지 않았고 오히려 부정적으로 반응했습니다. 포르투갈이 본래 예수회와 관계가 썩 좋지 않았던 것이 그

원인이었습니다. 그래서 벨라는 체류 허가를 받지 못하고 리스본을 떠나야만 했습니다. 그 이후 마침내 체류 허가를 승인한 바르셀로나에 도착했습니다. 그리고 이제는 기억도 가물가물한 곳에 직장을 잡았고, 조금 더 시간이 흘러 형수를 부다페스트에서 데려올 수 있었지요.

그렇게 부다페스트에 부모님과 남은 사람은 릴리뿐이었습니다. 릴리는 한동안 유대인이 아닌 친구 집에 숨어 있었습니다. 부모님도 기독교인 친구들의 비호 아래 피신해 있었습니다. 하지만 전쟁이 끝나기 직전 나치의 손에 발각되어 감금당하고 말았죠. 다행히 슬쩍 눈을 감아준 자비로운 경비병의 도움으로 빠르게 탈출했습니다. 그 밖에 부모님에게 무슨 일이 있었는지는 오직 신만이 아실 겁니다. 부모님은 나와 내 주변의 거의 모든 지인들처럼 가톨릭교의 세례를 받은 신자였지만 히틀러의 인종 차별법에 따라 나치에게는 그냥 유대인일 뿐이었습니다. 종전 후 나는 부모님의 거취를 그사이 공산국가가 되어버린 헝가리 부다페스트에서 취리히로 옮겼습니다. 그곳에서 내 지원 아래 세상을 떠나는 날까지 풍족한 여생을 보냈습니다. 우리의 가문의 사업체는 전쟁 중에 공산화된 헝가리에 빼앗겼지만 말입니다.

그런 만큼 나는 최고의 투자처를 질문하는 젊은 부부들에게 무엇보다 가장 먼저 아이들 교육에 투자하라고 조언합니다. 그것이 얼마나 유용한지 증명하는 산증인이 바로 나이기 때문입니다. 전쟁이 끝난 후 나는 부모님뿐만 아니라 형제들도 물심양면으로 후원했습니다. 그러나 내게 아들이 있으면 전부 증권 중개인으로 키우겠냐는 질문에 나는 "아니오."로 답했습니다. 큰아들은 음악가, 둘째 아들은 화가나 조각가, 셋째는 작가나 적어도 저널리스트. 그렇지만 넷째 아들만큼은 이 형제들을 다 먹여 살리기 위해 꼭 증권 중개인으로 키우겠노라고 웃으며 대답했습니다.

아무튼 내 직계 가족은 모두 그렇게 홀로코스트에서 빠져나왔어요. 하지만 그보다 조금 먼 친인척 중에는 목숨을 잃은 사람들이 줄을 이었습니다. 전쟁에 참전한 내 사촌들은 다른 많은 청년들처럼 총에 사살되어 도나우강에 던져졌습니다. 그러한 참혹한 만행이 미국에 전해졌지만 나는 도무지 믿기지가 않았죠. 오늘날까지도 그때 벌어진 일의 진위 여부를 놓고 논란이 있는데요. 내 첫 번째 아내와 정치범 수용소 사진이 걸린 영화관을 방문했을 때가 떠오릅니다. 내가 아내에게 말했습니다. "저건 전부 끔찍한 선전이야." 예술의 민족으로 내가 그리 좋아하던 독일인들이 저런 끔찍한 만행을 저지르고 있다는 사실이 도저히 믿기지가 않았죠. 하지만 아리아게였던 내 부인은 그런 선동을 전적으로 신뢰했습니다. 시간이 흘러 우리는 사진에서 본 것보다 사태가 훨씬 심각해졌음을 깨달았습니다.

그러자 나에게 얼마나 큰 행운이 찾아왔었는지 더 분명히 알게 되었지요. 이민을 가는 과정에는 미처 그 행운을 제대로 실감하지 못했습니다. 그때는 역사의 희생양이 된 것 같은 참담한 기분에 빠져 있었습니다.

그로스　　　　　선생님께는 언제나 행운의 여신이 함께했습니다. 그 시절을 잘 지나게 된 것에 대해 저 또한 감사함을 느낍니다.

코스톨라니　　　　위로해 주셔서 고맙습니다. 다시 스페인을 떠났을 때의 이야기를 들려주겠습니다. 마침내 비고항에서 뉴욕행 여객선이 출발하고, 육지가 지평선 너머로 사라질 때까지 나는 그곳을 하염없이 응시했습니다. '언젠가 내가 다시 돌아올 수 있을까?' 이것이 내 머릿속을 가득 채운 유일한 생각이었습니다. 그때만 해도 어쩌면 내 인생에서 가장 아름다운 시간이라고 단언할 날들이 기다리고 있음을 전혀 예상하지 못했거든요. 그렇게 항해가 시작되었는데 매우 즐거운 시간이 이어졌습니다. 탑승한 승객 중에는 헝가리의 유명 화가 마르셀 버티스Marvel Vertes와 작곡가 폴 아브라함Paul Abraham도 있었습니다. 울워스Woolworth의 상속녀 바바라 휴튼Barbara Hutton의 전 남편과 안면을 트기도 했죠. 3주간 항해했습니다. 중간에 하바나에서 3일을 체류하기도 했죠. 내가 배에서 내리자 그곳이 젊은이들이 나를 찾아와 사인을 해달라고 요청했습니다. 지금도 밖에 나서면 가끔 사인을 요청하는 경우가 있지만 당시 나는 예술가도, 음악가도 아니었으므로 정중히 거절했습니다. 하바나 젊은이들은 당시 신세대 클래식풍 음악의 유명 지휘자인 앙드레 코스텔라네즈Andrè Kostlanez라고 생각하는 것 같았습니다.

그런 일을 뒤로하고 마침내 뉴욕에 도착했습니다. 피난을 오기까지 내 여정은 총 두 달이 소요됐습니다. 내 영어는 완벽하지 않았지만 파리에서 항상 영자 신문을 읽은 덕에 그럭저럭 통했습니다. 나와 친한 친구인 펠릭스 폰 게를리츠Baron Felix von Gerlitzy 남작은 한때 내 고객이었던 마키 니콜라이 드 빌레로이Maquis Nicolai de Villeroy로부터 내가 그 배에 탑승했다는 소식을 들었습니다. 마키 드 빌레로이는 유명 테이블 웨어 제조기업 빌레로이 앤 보흐Villeroy & Boch를 창립한 폰 보흐von Boch의 삼촌입니다.

항구에 마중을 나온 게를리츠는 나를 데리고 곧장 브루클린으로 향했습니다. 게를리츠는 나보다 먼저 프랑스를 떠났는데, 이는 나치가 아닌 프랑스 경찰의 지시 때문이었습니다.

게를리츠는 두 아이를 둔 아버지였지만 동성애자였고, 니스에 아름다운 빌라를 소유하고 있었죠. 당시 니스항에는 전쟁 준비를 위해 해군함이 집결해 있었습니다. 게를리츠 남작은 이곳에서 멋진 선원을 만나고 싶어 했고, 그들 중 외모가 출중한 선원에게 말을 걸었습니다. 게를리츠는 그에게 이런저런 질문을 던지며 추파를 던졌습니다. 하지만 게를리츠의 의도를 잘못 해석한 선원은 몹시 당황해하며 상사에게 달려가 내 친구를 매우 곤욕스러운 처지로 몰아갔습니다. 선원은 그를 첩자로 의심하여 신고한 것입니다. 결국 게를리츠는 진실을 고백할 수밖에 없었습니다. 다행히 항만 경찰은 그의 진술을 믿어주었지만 일주일 내로 프랑스 영토 밖으로 떠나라고 지시했습니다. 결국 게를리츠 남작은 미국행을 선택할 수밖에 없었죠.

우리가 택시를 타고 업타운으로 가는 사이 게를리츠는 몇 가지 중요사항을 설명해 주었습니다. 미국 생활을 제대로 하려면 올바른 무리의 일원이 되어야 하며 엉뚱한 사람들과 엮이는 일이 없도록 주의해야 한다고 누누이 강조했습니다.

03

이방인

그로스　　　　게를리츠 남작의 말씀이 무슨 뜻인지 알 것 같습니다. 유대인이 아닌 사람들은 유대인들은 항상 똘똘 뭉쳐 다닌다고 주장하고, 헝가리인이 아닌 사람들은 헝가리인들은 항상 똘똘 뭉친다고 주장합니다. 그런데 선생님께서는 유대인이면서 헝가리인이었으니 클리크^{Clique}(소규모의 배타적인 그룹이나 모임)에 속한 거네요.

코스톨라니　　　　그렇다고 할 수 있겠네요. 저는 그의 조언에 따라 행동하고자 했지만, 도착한 첫날부터 꼬이기 시작했습니다. 게를리츠는 내게 혹시 세르게 루빈스타인Serge Rubinstein을 아느냐고 물었습니다.

"당연히 알지."

"그래?" 그는 놀란 기색으로 대답했습니다.

"그 사람이 여기서 엄청 호화로운 생활을 하고 있다네. 존경받고 그런 건 아니야. 그가 그렇게 펑펑 써대는 재력이 도대체 어디에서 온 것인지 아무도 모르기 때문이라네."

하지만 나는 알고 있었습니다. 루빈스타인을 파리에 있을 때부터 알기도 했고, 그곳에서도 더 많은 돈을 벌려고 별로 좋지 못한 사업에 손을 댄 탓에 그리 좋은 평가를 받지 못했습니다. 프랑코-아시아 은행Banque Franco-Asiatique의 주주인 루빈스타인은 특정 러시아 계좌를 열람할 권한이 있었습니다. 그러다가 우연히 은닉된 돈이 쌓인 통장의 소유자를 알아채고는 수수료를 받는 대가로 그 돈을 걸리지 않고 인출할 방법을 모색해 주었습니다. 이 은밀한 거래는 금융업에 종사하는 사람들 사이에서는 경멸의 대상이었습니다. 나중에 루빈스타인은 나도 모르는 어떤 이유로 프랑스에서 추방됐습니다. 그런 뒤 그는 곧장 일본으로 향했고, 그곳에서 거리낌 없이 금광 조선금광Goldmine Chosen Corporation을 장악했습니다.

"그 사람과는 가깝게 지내지 말고 최대한 멀리 떨어져 있게

나. 뉴욕에서 제대로 된 사람들과 교류하고 싶다면 말일세." 게를리츠가 당부의 말을 건넸습니다.

나는 유명 스타 조세핀 베이커 Josephin Baker가 흑인이라는 이유로 유일하게 투숙이 가능했던 세인트 모리츠 호텔에서 뉴욕의 첫날밤을 보냈습니다. 어떤 상황에서도 흑인이 투숙할 방을 내어주는 호텔은 거의 없었기 때문입니다.

그다음 날 투숙하려고 마음먹은 호텔 피에르의 바에 찾아갔습니다. 그때 누가 내 옆에 앉았는지 아십니까? 바로 그 세르게 루빈스타인이었습니다. 그때 나는 마음속으로 어떻게 해야 할지 갈등했습니다. 아는 척을 하느냐 모르는 척 하느냐가 관건이었습니다. 모르는 척하는 것이 매너 있는 행동은 아니었지만 방금 뉴욕에 도착하여 친구 게를리츠에게 진중한 조언을 듣고 난 다음이라 매우 당황하고 말았죠. 하지만 루빈스타인은 곧바로 나를 알아보았습니다.

"세상에나, 코스톨라니!" 그가 말했습니다.

"날 못 알아보겠나?"

"모르겠군요."

"세르게 루빈스타인일세. 자네는 앙드레 코스톨라니고 파리에서 헝가리 여권을 가진 사람이 아니던가."

순간 나는 계속 모르는 척 잡아떼 봤자 아무런 의미가 없다는 것을 깨닫고는 그의 말에 대답했습니다.

"헝가리 여권이라니 그게 무슨 말인가? 나는 그냥 헝가리인일 뿐이네!"

결국 게를리츠의 조언을 저 멀리 던져버리고 루빈스타인과 교류했고, 얼마 뒤 그의 집들이 파티에 초대되었습니다. 그는 피프스 애비뉴에 위치한 유명 은행가 줄스 배치Jules Bache의 대저택을 사들였습니다. 뉴욕 사회에서는 그 소식에 몹시 떠들썩하며 흥분했고, 초대받은 사람들은 빠짐없이 파티에 참석했었죠.

미국이 전쟁에 참전한 후 세르게 루빈스타인도 군대의 소집 명령을 받았다고 합니다. 나보다 10살이나 어렸던 루빈스타인은 미국 시민권을 취득하기 전에 여러 차례 국적을 바꾼 후 포르투갈 여권(마카오 발행)을 소지하고 있었습니다. 포르투갈은 중립국이었으므로 자국민을 상대로 전쟁을 치르고 싶지 않다는 소명을 주장할 수도 없었습니다. 나중에 헝가리가 독일의 편에서 참전하면서 나는 이런 조항을 근거로 삼아 군 복무를 합법적으로 피할 방법이 있기는 했습니다. 하지만 나는 이러한 권리를 주장할 필요가 없었습니다. 아시다시피 어차피 연령 제한으로 소집이 불가능한 나이였기 때문입니다. 하지만 루빈스타인은 그 정도로 나이가 많지 않았어요. 그래서 어떻게든 다른 방법을 찾아 입대를 회피하려고 했습니다. 루빈스타인은 여러 군 장비

업체의 주주이기도 했기에, 고위 간부들을 찾아가 자신이 해당 기업에 꼭 있어야 하는 핵심 인재라는 증명서를 발급받았죠.

당시 나는 스키를 타러 휴가를 떠난 레이크 플래시드에서 그와 마주쳤습니다. 마침 승인받았던 그의 군 복무 유예가 종료된 시점이었습니다. 나는 슬며시 그를 옆으로 당기며 말했습니다. "세르게, 도대체 어쩔 생각으로 그런 일을 벌이는 겐가? 그러다 끝에 가서는 오히려 안 좋은 일이 일어날 수도 있다네."

그러자 그는 내 말에 코웃음을 치며 아무 일도 없을 거라고 장담했습니다. 하지만 딱 두 달 뒤 루빈스타인의 집 문 밖에 검찰이 들이닥쳤습니다. 그리고 유예 신청 시 허위 작성 혐의로 체포되었습니다. 2년의 징역형을 선고받았고, 언론은 먹이를 찾은 승냥이마냥 이 사건을 물어뜯었습니다. 사람들은 막대한 재력을 뽐내며 배치의 대저택을 사들이고 바카라 판을 벌이며 껄렁껄렁 떠돌아다니던 루빈스타인이 감옥에 갇히게 된 불행을 고소하다는 시선으로 지켜보았죠.

이윽고 징역을 마치고 출소한 그에게 다시 추방령이 선고됐지만 제한적인 체류를 허용한 덕분에 그는 계속 미국에서 거주할 수 있었습니다. 이때 재력의 힘은 유효했습니다. 루빈스타인에게는 패션모델과의 결혼으로 얻은 두 딸이 있었습니다. 루빈스타인의 아내는 그가 징역을 사는 동안 그를 떠나버렸습니다. 나는 그를 찾아가야 한다고 생각하고 있었습니다. 루빈스타인에 관한 루머를 내가 전혀 개의치 않는다는 것을 그에게 알려주고 싶었죠. 당시 사회 전체가 그를 보이콧하고 있었거든요.

어느 날 루빈스타인은 자택에서 잔인하게 칼에 찔리고 거세당한 채 발견되었습니다. 살인자는 끝내 검거되지 않았죠. 하지만 살인 방식이 용의자가 마케도니아 출신임을 가리키고 있었습니다. 마케도니아에서는 타인의 아내나 연인을 유혹한 남자를 거세하는 것이 일반적이었기 때문입니다. 이런 논리는 매우 설득력이 있었습니다. 루빈스타인은 알게 되는 유부녀는 전부 유혹하려고 했습니다. 돈만 있으면 남의 여자를 뺏을 수 있다는 것을 항상 직접 입증하고 싶어 했습니다. 그런 연유로 미혼인 여성은 루빈스타인의 눈길을 끌지 못했습니다.

세르게 루빈스타인은 확실히 나쁜 놈이었습니다. 그러나 언론에서 떠들어대는 그런 괴물은 아니었고, 제법 친절한 구석이 있는 악당이었습니다. 언론의 무자비한 선동에도 그의 편이 되어주는 것 역시 여성들뿐이었습니다. 어쩌면 그가 멋쟁이 난봉꾼이자 좋은 연인이었기 때문일지도 모르겠습니다. 사망 당시 그는 두 딸에게 1,500만 달러를 유산으로 남겼다고 합니다.

참고로 친구의 우려와 달리 내가 루빈스타인과 우정을 나누었다고 해서 제대로 된 사람들과 교류하는 데 있어 어려움을

겨지는 않았습니다. 뉴욕에는 헝가리에서 이민을 온 사람들이 매우 많았습니다. 그래서 고향에 갈 수 없는 그 상황이 그리 힘들지만은 않았습니다. 나는 월 100달러를 내고 투숙 중인 피에르 호텔 로비에서 매일 친구들을 만났거든요.

그로스　　　　지금은 하룻밤에 400달러를 지불하고 있죠?

코스톨라니　　　네, 지금은 그렇습니다. 이만큼 점점 상승하는 인플레이션을 제대로 설명할 통계가 또 없을 것입니다. 또 다른 인플레이션 지표는 구걸을 하는 걸인들입니다. 전쟁이 끝나자 그들은 이렇게 구걸했습니다. "5센트만 줍쇼!"

하지만 나중에는 최소한 다임(10센트)은 얻어야 만족했고, 조금 더 시간이 흐르자 쿼터(25센트)를 바라게 되었습니다. 지금은 못해도 초록 지폐를 기본으로 여길 것입니다.

내가 교류하던 헝가리 모임에는 몇몇 유명 인사도 속해 있었습니다. 그들 중 가장 유명한 명사를 꼽으라면 의심할 여지없이 세계적인 유명 작가 페렌츠 몰나르Ferenc Molnár일 것입니다. 미국의 유명 잡지 〈뉴요커〉는 세 페이지를 몰나르의 사진을 싣는 데 할애할 정도로 모두가 몰나르를 알고 싶어 했습니다. 하지만 몰나르는 자신이 붙임성이 매우 부족하고 수줍어하는 성향이라는 것을 잘 알고 있었습니다. 그런 그가 대화를 나누며 수줍어하지 않는 상대는 내가 유일했습니다. 그것은 내가 그의 작품을 높게 평가하지 않아서가 아니었습니다. 오히려 정반대였습니다. 몰나르를 대하는 내 태도가 조금 다른 것은 예전에 파리에서의 경험 때문입니다.

파리 증권거래소 건물 바로 맞은편에 좌우로 카페가 하나씩 있었습니다. 어느 날 증권거래소 내부 입장이 허용되지 않은 친한 친구가 왼쪽 카페에 있다는 소식에 그리로 향했습니다. 그리고 테라스에서 몰나르를 보았죠. 당시만 해도 그를 개인적으로 알지 못하던 때였습니다. 그는 그다음 날에도 그곳에 앉아 있었고 그다음 날에도 그 자리에 있었습니다. '저 몰나르가 증권거래소 주변 카페에 무슨 볼 일이 있어서 저렇게 매일 오는 것일까?' 호기심이 발동해서 그에게 다가가 인사를 건넸습니다. 생각하지 못했던 누군가가 자신에게 다가와 갑자기 헝가리어로 인사를 건네는 탓에 깜짝 놀란 몰나르는 무턱대고 나를 피했습니다. 나를 자신을 등치려는 그런 무리로 생각했던 것 같습니다. 몰나르는 신중하고 절약하는 사람으로 소문이 자자했습니다. 우선 그 일화를 잠깐 소개하죠.

카를스바트에서 한 남자가 그에게 다가와 말을 걸었습니다.

"몰나르 씨, 나는 코박스라고 합니다. 어쩌다 보니 파산했죠. 저를 후원해 주실 수 없을까요?"

몰나르는 조금도 망설이지 않고 가방을 열어 현재 10마르크에 해당하는 100크로네를 꺼내 그에게 건넸습니다.

"이게 뭡니까?" 그에게 후원을 요청한 사람이 도리어 모욕을 받은 말투로 화를 냈습니다.

"그 대단한 몰나르 씨가 후원하는 금액이 고작 100크로네라니요?"

"아니요. 제가 코박스 씨에게 주는 돈이 100크로네입니다." 몰나르가 대답했습니다.

나는 몰나르가 사실 친구들에게는 은밀한 도움을 준다는 것을 잘 알고 있었습니다. 그러나 파리에 있을 때에는 그와 친분을 쌓지 못했습니다. 그런 경험이 있었기에 나는 뉴욕에서 그와 마주친 이후에도 말을 걸지 않았죠. 더욱이 같은 호텔에 투숙하고 있었기에 엘리베이터 앞에서 마주치는 일도 잦았습니다. 그의 부인에게는 항상 예의바르고 친절하게 인사를 건넸지만 그와는 말을 섞지 않았죠. 어쩌면 내가 그를 따돌리려는 것처럼 보였을 수도 있습니다. 내가 있는 곳에 몰나르 나타나면 가능한 한 나는 자리를 피했습니다. 그가 아무와도 교류하고 싶어 하지 않는다고 생각했기 때문입니다. 게다가 한 친구가 내게 몰나르는 자신과 친해지려는 사람들에게 "친구와 지인은 이미 충분해서 더는 필요 없소."라고 말하기도 했습니다.

그러던 어느 날, 몰나르가 나도 잘 알고 지내던 친구와 언쟁이 붙었다는 이야기를 들었습니다. 그들은 둘러앉아 토론을 시작했습니다. 몰나르는 어떤 일이 불가능하다고 했고, 내 친구는 그의 의견에 반박하며 무조건 가능하다고 주장했습니다.

"아니야, 아니라니까." 몰나르가 반복하자 내 친구는 "맞아, 맞다니까. 글쎄."라고 응수했습니다. 계속 주장을 굽히지 않는 친구에게 몰나르가 되물었습니다.

"자네는 도대체 어떻게 그렇게까지 자네가 맞다고 확신하는 겐가?"

"코스톨라니가 그렇게 말했거든!"

그러자 몰나르는 입을 꾹 다물고, 더는 반박하지 않았다고 합니다.

나는 어느 여름 날, 레이크플래시드에서 휴가를 보내고 있었습니다. 함께 여행을 온 내 오래된 친구, 라치 보로스Laci Boros와 그곳의 집을 빌렸습니다. 보로스는 그때 공교롭게도 레이크플래시드에서 휴가를 보내던 몰나르와 친분이 있어서, 정기적으로 몰나르와 만나며 몰나르에게 내 이야기를 하고 또 내게 몰나르 이야기를 들려주었습니다. 몰나르가 이렇게 말하더라 또 반대로 코스톨라니가 이렇게 말하더라는 식이었습니다. 그러다 언젠가 몰나르가 내 친구 보로스에게 말했습니다.

"그러니까 코스톨라니에게 전하게나. 나는 그를 좋게 생각하는데, 왜 내게만 인사를 하지 않는 거지?"

"몰나르는 왜 자네가 그에게만 인사하지 않는지 불평하던데." 보로스가 내게 말했습니다.

"가서 그에게 전하게나. 내가 그를 알아보지 못했다고 말일세." 나는 보로스에게 부탁했습니다.

"뭐, 알아보지 못했다니?" 몰나르가 의아한 표정으로 반문했습니다.

며칠 뒤 우리는 길거리에서 다시 마주쳤고, 미처 내가 피하기에는 늦어버린 상황이었죠. 그때 나와 함께 있던 보로스가 마침내 그에게 나를 소개했습니다.

"드디어 이렇게 서로 소개를 받았군."

이후로 몰나르와 나는 뉴욕에서 종종 함께 식사했습니다. 그는 증권시장 및 경제 분야에 대한 내 조예를 높이 평가했습니다. 몰나르는 증권 거래에 대한 지식이 전무했지만 약세장 투자자들을 일컬어 '다른 사람이 빠질 무덤을 내 손으로 파는 사람들'이라는 표현으로 정말 딱 맞는 정의를 내리기도 했습니다.

(이 정의에 담긴 의미는 증권 전문가만이 이해할 수 있을 것입니다.)

평소 그가 얼마나 나를 높이 평가했는지 알려주는 소소하지만 의미심장한 징표가 또 있습니다. 평소 절약 정신으로 정평이 나 있던 몰나르가 자주 다니는 단골 식당에 나를 얼마나 자주 초대했는지만 봐도 알 수 있습니다. 몰나르는 레스토랑에 들어설 때마다 매번 종업원에게 큰 목소리로 "같이 계산해 주시오!"라고 외쳤죠. 몰나르는 평소 그 단골 레스토랑에 "내가 만약 다른 누군가와 식사를 한다면 묻지도 말고 계산서를 따로 주시오!"라고 주문해 놓은 상태였다고 합니다.

그렇게 나는 레스토랑에서, 카페에서 뉴요커가 되어 이 파티에서 저 파티로 옮겨 다니며 시간을 보냈습니다.

7장

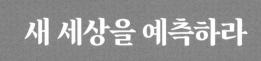

새 세상을 예측하라

01

**해피와
행복**

그로스　　　　선생님은 혹시 모를 추적을 피해 유럽에서
피난을 간 이민자였습니다. 생계를 어떻게 유지했는지 말씀해
주시겠습니까?

코스톨라니　　　기억하실지 모르겠지만 나는 이민 가기 전
에 미국으로 남은 자산을 송금했습니다. 미국에 도착했을 때
가란트 트러스트Garant Trust 은행 계좌에는 20만 달러가 예치되
어 있었습니다. 그중 10만 달러를 곧장 소개받은 어빙 트러스
트 은행Irving Trust Bank에 맡겼습니다. 그 수표를 액자에 넣어 집

에 보관하기도 했지요. 파리에는 대출을 받아 매수했던 달러 채권만이 파리 민영은행 르히되Lehideu Co.에 남아 있었습니다.

시간이 흘러 프랑스에서 흥미로운 서신 하나가 도착했습니다. 유대인의 계좌를 몰수하라는 독일 점령국의 규정에 따라 내가 유대인인지 묻는 내용이었습니다. 이에 "정확히 알려드립니다. 나는 세례를 받은 로마 가톨릭교인이며 미국 시민권 소유자입니다."라는 편지로 매우 강경하게 대응했습니다. 사실 아직 시민권을 획득하지 못한 시점이었지만 은행가들이 그것을 검증하기란 불가능했습니다. "내 채권을 넘겨주든, 상환하든 나는 향후 은행에 그 책임을 물을 것입니다." 강경한 내 태도에 화들짝 놀란 은행은 독일 관청에 내가 유대인이 아니라고 통보했습니다. 헝가리 법에 따르면 나는 유대인이 아니었으므로 딱히 틀린 말도 아니었습니다. 전쟁이 끝나고 다시 파리에 돌아왔을 때 나는 달러 채권을 상환받았고, 그 수익의 일부로 프랑의 평가절하로 대폭 축소된 대출을 상환할 수 있었습니다. 그러고도 남은 차익은 엄청났습니다.

그로스　　　　당시 미국으로 송금했던 20만 달러를 현재 가치로 환산한다면 얼마나 될까요? 몇 배나 오른 거죠?

코스톨라니   수중에 지녔던 5만 달러를 더하여 25만 달러를 기준으로 어림잡아 본다면 약 20배(1998년 기준)는 될 것으로 보입니다. 따라서 경제적인 측면에서 걱정할 만한 상황은 전혀 겪지 않았죠. 미국에 도착한 후 처음에 아무것도 하고 싶은 마음이 들지 않았어요. 말 그대로 플레이보이처럼 살아보고 싶었습니다. 하지만 미국에는 살펴볼 것도, 공부할 것도 넘쳐났습니다. 물론 광활한 미국 대륙을 북부에서 남부로, 또 동부에서 서부로 횡단하며 여행도 다녔어요. 미국의 대도시는 전부 돌아보았는데 특히 많은 헝가리인들이 종사했고, 지금도 종사하는 할리우드가 가장 인상에 남는군요.

그로스   미국에서 별도의 경제 활동을 시도해 본 적이 있으십니까?

코스톨라니   투자자로서 주식, 원자재, 보험 및 선물 분야에 투자했습니다. 또 미국에서 한량 같은 삶을 실컷 누리고 나니, 뭔가 해야겠다는 의지가 타올랐습니다. 게다가 미국에서는 일하지 않는 사람을 이상한 눈초리로 보곤 했거든요. 그래서 겸사겸사 여러 금융 브로커 회사에 입사 지원서를 제출했습니다. 월스트리트 주소가 적힌 명함을 가지는 것도 제법 괜찮겠다는 생각이 나를 고무시켰습니다. 서류를 제출하는 동시에 면접장에서 내 미래의 상사들 앞에서 빛나고 있을 내 모습을 미리 떠올려 보았죠. 내 미래의 상사들은 내 이론적인 지식에 감탄하는 것뿐만 아니라 동시에 진정한 증권 투자란 무엇인지 알려주는 명강의를 듣게 될 것이라는 상상 말입니다. 하지만 이런 기대는 산산조각이 나버렸습니다. 지원하는 회사마다 족족 거절당했던 것입니다.

나는 골드만 삭스Goldman Sachs & Co.처럼 세계적으로 유명한 투자은행에서 면접을 볼 기회를 얻었습니다. 배경에는 삭스 회장과의 인연이 있었는데요. 내 아내가 될 사람과 친구였던 삭스 회장의 부인이 삭스 회장에게 나를 소개했고, 나는 곧장 그의 사무실로 올라갈 수 있었습니다. 면담이 끝나자마자 고용될 뻔했지만 실무자인 인사 담당자가 거부권을 행사했습니다. 훗날 삭스 회장으로부터 인사 담당자의 거부 사유를 알게 되었습니다. 나는 제출한 입사 지원서마다 내가 경제적으로 자유로운 상태라는 점을 명시했습니다. 그런데 기업은 그런 사람을 원하지 않았죠. 그들은 자신의 생계를 위해서 적극적으로 고객을 영업하고, 수수료를 취할 배고픈 직원을 찾고 있었던 겁니다. 그들은 나를 그저 증권시장에 대한 명강의나 하면 모를까 절대 '빅 프로듀서'가 되지 못한다고 판단했던 것입니다. 어쩌면 그들의 판단이 옳았을 수도 있습니다. 나는 '프로듀서'라는 개념이 할리우드에나 있는 것이라고 생각했거든요. 주식 중개인이 '프로듀서'가 되어야 한다는 상상을 미처 하지 못했습니다. 그렇게 입사 지원에 모두 실패하면서 적어도 한 가지 깨달음은 얻었습니다.

하지만 포기하지 않았어요. '만약 내 증권 지식이 직장을 얻는 데 도움이 되지 않는다면 어쩌면 내 또 다른 최대 관심사인 음악을 활용하는 방법은 없을까?' 그 시절 맨해튼에는 축음기 사업이 큰 호황이었습니다. 나는 엄청난 양의 음반을 모은 수집광이었고 여전히 전부 보유하고 있습니다. 그 음반을 차례대로 튼다면 아마 일주일 내내 틀어도 음악이 끊기지 않을 겁니다. 이 사업 분야에 발을 들여놓으면 음반을 사려는 아리따운 여성들과 교류할 수 있을 거라는 확신도 들었습니다. 그러면 그들 중 몇몇과 데이트를 할 수도 있을 거라는 희망에 부풀어 있었지만 이 업계조차 나를 고용하지 않았죠.

그로부터 시간이 조금 흐른 뒤 헝가리 친구들과 함께 회사를 설립했습니다. 익숙한 증권업 분야에서 벗어나 시도라는 걸 해본 몇 안 되는 투자 중 하나였죠. 기업의 이름은 요제프 발라이 앤드 컴퍼니Josef Ballay & Company로 장부상의 채권을 대리 매수해 주는 팩터링Factoring(외상 판매채권이나 어음을 양도받아 관리·회수하는 일-옮긴이) 전문 업체였습니다. 사무실은 월스트리트 인근의 하노버 스퀘어에 위치했습니다. 사실 나는 돈만 투자했고 다른 친구들이 사업의 운영을 맡았죠. 내 개인적인 용무들은 주로 사무실 밖에서 해결했습니다. 물론 오래 걸리는 일은 아니었습니다. 나는 오전 11시경이면 사무실 밖으로 나왔어요. 그 시간에는 이탈리아 출신 구두닦이와 매일 약속이 있었습니다. 그와 세계 정치에 대해서 토론하기를 즐겼거든요. 그런 뒤 프랑크 시나트라Frank Sinatra를 보기 위해서 영화관으로 향했습니다. 물론 오페라, 연극 그리고 예술 전시회도 정기적으로 관람했습니다.

우리 남성에게 최고의 사치란 바로 여성에게 쓰는 어마어마한 돈일 것입니다. 당시 전선에서 치열하게 싸우는 고독한 생활을 하는 남자들이 상당히 많았죠. 그래서 연애 부문의 경쟁자가 그리 치열하지 않던 시절이었습니다. 나 역시 그 덕을 톡톡히 봤고, 빈 출신인 내 첫 번째 아내를 만나게 되었습니다. 그녀는 나와 만나기 전에 미국인과 한 번 결혼한 이력이 있었기에 이미 미국 시민권자였습니다. 그리고 나 또한 그녀와의 결혼으로 미국 시민권을 취득했습니다. 결혼 후 그녀와 함께 오페라와 연극 관람을 즐겼습니다.

그로스　　　　부유한 청년의 열정과 사랑에 대한 이야기군요. 그런데 제2차 세계대전이 끝나고 다시 유럽으로 돌아가셨어요. 그 이유는 무엇인가요?

코스톨라니   여기에 답을 하려면 내가 한 말을 다소 수정해야겠네요. 미국 생활에서 걱정거리가 아예 없었던 것은 아니었습니다. 우리 이민자들 모두에게 공통적으로 적용되는 문제가 있었습니다. '앞으로 전쟁은 어떻게 될 것인가?' 이 문제 말입니다. 미국에서 우리는 안전하다고 느꼈습니다. 히틀러가 미국까지 진격해 오는 것은 거의 불가능해 보였지만 앞으로 전개될 유럽의 정세와 미래는 매번 우리를 겁먹게 하는 문제였습니다. 뉴욕에서 보내는 시간이 꿈만 같을수록 우리는 고향을 그리워했습니다. 당시 빈에서 망명 온 그륀이 뉴욕 생활을 어떻게 생각하는지 보여주는 일화가 있습니다. 한 동료가 그륀에게 질문했습니다.

"자네는 미국에 있는 것이 해피 happy 한가?"

"당연히 해피하긴 하네만…… 행복하지는 않은 것 같네." 그의 음성은 다소 침울했습니다.

그륀은 '해피'라는 말을 개인의 안전에 관한 것으로 받아들인 것입니다. 그와 그의 소유가 보호받고 존중받는 것 말입니다. 옛 습관이 남은 유럽인들(오스트리아인, 프랑스인 또는 헝가리인)에게는 미국에서 누리는 삶의 행복이 과거에 행복했다고 느꼈던 익숙함과는 사뭇 달랐던 것입니다. 우리는 카페에 앉아 철학을 논하고 거리를 여기저기 자유롭게 산책하며 누리던 즐거운 무위도식의 분위기를 그리워했습니다. '정녕 우리가 빈이나 파리 또는 부다페스트의 카페에 앉을 날이 다시 오기는 할 것인가?' 이런 것들이 우리의 문제였죠.

의견은 갈렸습니다. 일부는 어떻게든 미국이 승리할 것이라는 낙관적인 태도를 보였고, 또 일부는 의심했습니다. 나 역시 친구들에게 정부의 조치를 설명할 때마다 그랬듯 다소 부정적인 입장이었습니다. 고작 바지 주름 따위를 포기한다고 어떻게 미국이 전쟁에서 이긴단 말인가? 당시 비관론자와 낙관론자에 대한 다소 섬뜩한 정의가 유행했습니다. 비관론자들은 전부 미국에 있으며 낙관론자는 아우슈비츠에 있다는 말이었습니다. 그리고 어찌 보면 완전히 틀린 말은 아니었지요.

나는 미국이 참전하지 않던 시절, 86번가를 자주 찾았는데요. 그곳은 독일인의 거리라고 불러도 좋을 만큼 독일 서점, 레스토랑, 카페 들이 즐비했습니다. 그러다 보니 소문난 카페 이름도 '카페 힌덴부르크', '카페 로렐라이'였습니다. 독일 영화관도 그곳에 있었습니다. 그 영화관에서는 동부 전선 및 서부 전선에서 전해온 종군 뉴스를 시청할 수 있었습니다. 또 전쟁에 대한 독일 국민의 동기를 선동하려는 명목으로 전선을 보여주는 독일 영화도 상영됐습니다. 영화관을 나오면 꼭 '가이거스 빈 베이커리'에 들렀는데, 대부분 독일인들이 자리를 차지하고 있었습니다. 그들이 전부 나치는 아니었지만 적어도 자국에 대한 애국심이 남다른 사람들이었습니다. 베이커리에서는 그들이 "영국 놈들한테 곧 제대로 한 방 먹일 거야. 그리고 어차피 다른 나라도 마찬가지겠지."라는 독일인들의 대화 내용이 귀에 들려왔어요. 그들의 자부심과 전쟁에서 승리할 거라는 확신은 참으로 인상적이었습니다. 그러다 보니 나 또한 히틀러의 광적인 망상이 현실이 될까 봐 두려웠습니다. 그리고 미국에서는 그것이 얼마나 실현됐는지 제대로 파악하기가 힘들었기에 더더욱 불안했습니다.

에드워드 페퍼Edward Pfeffer라는 친구가 있습니다. 그는 앞서 언급했던 고용주이자 친구였던 아드리앙 페르켈의 절친한 벗이었습니다. 동성연애자였던 페퍼는 내게 항상 자신의 연애담을 들려주곤 했는데요. 페퍼는 세상을 떠나던 직전 나를 자신의 유산 관리인으로 지정하기도 했습니다. 그래서 페퍼가 유산을 남긴 젊은 친구들을 전부 만나기도 했지요. 에드워드 페퍼가 연애담을 들려주지 않을 때 우리는 항상 국제 정치에 대해 토의했습니다. 어느 날 잔뜩 공포에 질린 기색으로 달려온 페퍼가 말했습니다.

"우리(연합군)가 패전했다네!"

"이유가 뭐라든가?" 깜짝 놀라 물었습니다.

"글쎄 독일인들에게 비밀 무기가 있었다지 뭔가! 그것도 대량 학살 무기가!"

하지만 페퍼는 정세가 어떻게 돌아가고 있는지, 그리고 히틀러가 이 무기를 가지고 무엇을 어쩌려는 것인지는 정확히 설명하지 못했습니다. 나는 곧 심히 불안해졌습니다. 어쩌면 정말 고향 땅을 밟을 수 없게 되거나 아니면 이러다 정말 독일이 미국마저 점령하는 것은 아닌지 우려됐습니다. 몇 주 뒤 나는 대규모 헝가리인 파티에서 헝가리 출신의 교수 존 폰 노이만John von Neumann을 만났습니다. 알다시피 컴퓨터를 발명한 사람입니다. 심지어 나와는 두 다리만 건너면 되는 먼 친척이기까지 했습니다. 잠시 우리 둘만 남았을 때 살며시 페퍼에게서 들은 예측과 비밀 무기 이야기를 노이만 교수에게 들려주었습니다. 교수는 싱긋 미소 짓더니 말했습니다.

"모든 정보가 입수되어 있는 상황이고, 위험은 없을 테니 걱정하지 말게나."

노이만 교수의 말을 들으니 마음이 다소 진정되는 것 같았죠. 노이만 교수가 레오 실라르드Leo Szilard, 유진 위그너Eugene Wigner, 에드워드 텔러Edward Teller 그리고 헝가리 사회 전체와 교류하며 루스벨트 대통령이 자문을 구하는 공식적인 학술 전문가이자 고문이라는 것을 잘 알고 있었기 때문입니다. 그리고 오늘날 우리가 알고 있듯이 이미 원자탄이 개발되어 있던 상황이었습니다.

02

종전과
검은돈

그로스　　　그 일이 있고 얼마 안 가서 전쟁이 끝났지
요? 당시 상황을 말씀해 주시겠습니까?

코스톨라니　　　네, 그렇습니다. 전쟁이 끝났습니다. 여기저
기에서 환호성이 터져 나왔죠. 그날 밤이 새도록 우리는 타임스
퀘어에 있었습니다. 아, 참! 1945년 5월 8일 항복 협정에 서명
한 날을 기리는 50주년을 기념하기 위해 한 신문사에서 요청한
질문을 소개하고, 이야기를 이어가는 게 좋겠습니다. 질문은 총
네 가지입니다.

그날 어디에 계셨습니까?

아내 한시와 그리고 다른 수천 명의 사람들과 함께 타임스퀘어에 있었습니다. 춤을 추기 힘들 정도로 많은 군중이 빽빽이 모여 있었죠.

그 순간 가장 먼저 하고 싶었던 일은 무엇이었습니까?

항상 눈앞에 두고 노려보았던 히틀러 초상화를 치워버리고 싶었습니다.

전쟁에서 크게 활약했다고 생각하는 인물과 증오한 인물에 대해 말씀해 주시겠습니까?

루스벨트 대통령도 그렇지만 처칠 수상의 활약이 압도적이었습니다. 그리고 증오한 사람은 어디 한번 맞추어 보시길!

재미있는 꿈을 꾸셨다던데요?

베를린의 도브린 카페에 앉아 신문을 펼치고 유대인 동향을 다 읽을 무렵, 헐벗고 긴 수염이 난 구부정한 사람이 가까이 다가왔습니다. 비쩍 마르고 여윈 노인은 매우 쇠약해 보이지만 나는 그가 누군지 알아봤습니다. 노인이 유대인 동향을 바라보며 자신을 매우 낮춘 자세로 내게 묻습니다.

"죄송합니다, 자비로우신 선생님. 혹시 신문을 다 읽으셨나요?"

"그렇소." 내가 말합니다.

"하지만 당신에게 건네줄 신문은 없군, 히틀러 양반!"

그날로 돌아가 보죠. 그 신문사에서도 말했듯이 우리는 타임 스퀘어에 있었습니다. 뉴욕 전체가 길거리로 쏟아져 나와 히틀 러에 대한 승리를 축하했습니다. 그날 저녁은 다시 파리로 향할 것을 확신했습니다. 뉴욕 생활은 매우 즐거웠지만 역시 내 고향 은 파리였습니다. 하지만 1946년 여름이 되어서야 유럽 대륙을 다시 밟았죠. 전쟁이 끝난 직후 돌아가는 것은 왠지 꺼려졌기 때문입니다.

파리에 도착한 후 예전에 살던 드몽소 거리 53번지로 향했 습니다. 그리고 그사이 유명 신인 여배우가 그곳에 거주하고 있 다는 소식을 들었습니다. 하지만 어차피 완전히 돌아올 결정을 내리지 못한 상황이었으므로 우선 별도의 연락을 취하지는 않 았죠.

처음 며칠 동안 저녁마다 아내와 함께 최고의 레스토랑인 '르 두아앵LE DOYEN'을 방문했습니다. 그곳에서 〈라 메르La mer〉 를 부른 이브 몽탕Yves Montand의 노래를 처음 들었습니다. 우리 여정은 파리에서 스위스로 이어졌습니다. 몰나르가 내게 먼저 가서 유럽의 경제 상황을 잘 살펴보고 알려달라고 부탁했기에, 그렇게 유럽을 돌아보며 떠오른 모습을 곧장 편지에 써서 그에게 보냈습니다.

프랑스에는 돈이 넘쳐날 정도로 쌓여 있었지만, 상품이 없었습니다. 이탈리아에는 물건은 많았지만 돈이 전혀 없었으며 스위스에는 상품도 많고 돈도 많았습니다. 그리고 독일에는 상품도 없었고 돈도 없었습니다. 내가 본 유럽의 모습은 그랬습니다. 독일이 프랑스의 모든 것을 약탈해버린 탓에 프랑만 덩그러니 남아 프랑스의 화폐 가치는 하락했습니다. 이탈리아는 상품을 숨겨놓았다가 전쟁이 끝난 후 다시 시장에 풀었습니다. 하지만 정부에 돈이 없었으므로 디플레이션 정책을 펼치고 있었습니다. 반면 스위스는 중립을 지킨 덕에 아무런 피해를 입지 않았죠. 그리고 뭐 독일이야 말할 것 없이 온통 잿더미였습니다.

뉴욕으로 돌아가 만난 몰나르는 내가 전한 상황 설명에 몹시 흡족해했습니다. 특히 종전 후 프랑스의 상황이 가장 흥미로웠습니다. 미국에서 가져온 달러를 당연히 암시장에서 환전했는데요. 공식적인 환율은 50프랑에 1달러였지만 암시장에서는 500프랑에 육박했습니다. 당연히 공식적인 환율로 달러를 파는 사람은 없었죠. 대형 레스토랑과 호텔에는 제대로 먹을 만한 게 없었습니다. 내가 투숙했던 크리용 호텔Crillon Hotel에서는 조식으로 커피조차 제공되지 않았으니까요.

그러다 보니 그 틈새에서 모든 것을 제대로 갖춘 일종의 암거래 레스토랑이 생겨났습니다. 그곳에는 메뉴판 자체가 없었고 셰프가 테이블로 다가와서 그날 제공될 메뉴를 설명했습니다. 그리고 당연히 모든 시세는 암시장 가격에 준했습니다.

그래서 나는 가져간 달러를 암시장에서 환전했고, 그 돈으로 암시장 레스토랑을 방문해, 그에 맞는 암시장 식사를 주문한 후, 암시장 시장에서 바꾼 돈으로 레스토랑의 암시장 가격을 치렀습니다. 그러면 레스토랑 주인은 그 암시장 돈을 가지고 암시장에서 거래하는 상인에게서 암시장 시세에 따라 물품들을 사들였습니다. 암거래상은 감독관들에게 뇌물을 먹일 돈이 충분했습니다. 그러면 감독관들 또한 암거래상의 검은돈으로 또 다른 암거래를 했습니다. 모든 것이 검은돈투성이였지만 거래는 기름칠이라도 한 듯이 매끄럽게 이어졌지요. 이 모든 것이 가능했던 것은 무엇보다도 프랑스인들의 사고방식 때문이었을 것입니다.

이 경험을 통해 옛 동구권의 암거래를 무조건 비난하거나 적대하지 말아야겠다는 확신을 얻었습니다. 비록 암시장에서 시작했더라도 상황에 따라 언젠가는 공식적인 시장 경제로 발전할 수 있습니다. 그리고 1948년 나는 마침내 다시 파리로 귀환했습니다. 그사이 생활은 전반적으로 정상화되어 있었습니다.

8장

평화와 투자

01

안전한 피난처,
금

그로스　　　선생님께서 유럽에 돌아온 뒤 한 일에 대해서 말씀해 주시겠어요? 증권거래소가 여전히 닫혀 있었을 텐데요.

코스톨라니　　　당시 매우 흥미로운 투자 수단에 뛰어들었습니다. 바로 금광이었습니다. 프랑스인들은 독일 점령국에 전 재산을 몰수당하지는 않을까 공포에 시달렸습니다. 위험이 닥치면 가장 먼저 자신의 안위를 챙긴 뒤 전 재산을 꽁꽁 숨겨야 한다는 보호 본능 덕분에 프랑스 예금자들은 보유한 유가증권을 최대한 안전한 곳에 숨겨 놓았습니다. 나무 아래나 말라버린 분수대 바닥이나 원시림의 땅 구멍 어딘가 등에 숨겨놓았던 거죠. 언젠가 이 투자증권(주로 남아프리카 금광 주식들)에게 혹독하고 힘든 시기를 지나 다시 햇살을 마주할 날이 올 때까지 숨죽여 기다렸습니다. 전쟁을 겪은 후 사람들은 그 어느 때보다도 가장 쉬운 은신처이자 몰려드는 거친 폭풍우에도 그들의 재산을 보호해 줄 유일하고 안전한 피난처가 바로 금이라고 판단했습니다. 프랑도, 달러도 아닌 금궤 또는 나폴레옹 주화 형태의 순수한 황금이었습니다. 당시 프랑스인들은 지금 독일인들이 크루거랜드Krugerrand(남아프리카 공화국에서 발행하는 금화-옮긴이)를 모으는 것처럼 금화를 모았습니다. 다시 말해 숲속의 공주처럼 깊은 잠에 빠진 이 수 톤에 이르는 종이 증권을 실물이 있는 황금빛 금속으로 교체해야 한다는 생각이 지배적이었습니다.

모두가 금의 유동성이 혹시 있을지도 모르는 곤란한 상황에서 사람들을 보호해 줄 것이라고 믿었던 거죠. 금고의 가장 깊은 곳에 골드바나 황금 동전 그리고 금광의 주식이 차곡차곡 쌓여 갔습니다. 차액 취득 거래가 전문이었던 레이시 컥스Lacy Kux는 보유한 증권을 5개국에 보냈고 여러 환시세를 통해 많은 수익을 올리다가 최종적으로 자신이 투자한 금액의 두 배를 벌기도 했습니다. 이 거래의 내막은 다음과 같습니다. 프랑스 사람들은 금광 주식을 처분하고 그 대신 실물인 금을 보유하기를 원했습니다. 그러다 보니 시중에 풀린 금광 주식은 터무니없는 헐값으로 하락했고, 반면 금화나 금궤의 값은 치솟았죠. 레이시 컥스는 이런 갭을 제대로 이용했습니다. 그 과정에서 그에게 자금을 조달했던 나 또한 이 사업에 본격적으로 뛰어들었습니다. 그렇지만 종전 후 곧바로 진행했던 또 다른 투자가 내게는 훨씬 더 의미가 있었습니다. 이 이야기는 나중에 자랑하고 싶은 마음이 들 때 들려드리겠습니다.

1946년 주거지를 파리로 옮기기 직전 미국 달러, 영국 파운드, 스위스 프랑 등으로 독일 채권을 사들이기 시작했습니다. 그중에는 프랑스 통화로 매입한, 1930년에 발행된 영 본드Young Bond(독일의 배상 협상을 도왔던 미국 기업가 오웬 영의 이름을 딴 채권)도 포함되어 있었습니다. 1946년 영 본드의 시세는 1,000프랑의 4분의 1에 불과했습니다.

그로스　　　　　선견지명이 있었네요. 선생님께서는 어떻게 1946년에 독일이 다시 채무 지급 능력을 갖출 것이라는 생각을 했나요?

코스톨라니　　　　우선 독일 경기가 회복될 것이라고 확신했습니다. 집과 공장이 전부 파괴되었고, 나라 전체가 잿더미가 되었지만 독일인 특유의 근면, 성실, 정확성 같은 미덕은 사라지지 않습니다. 둘째로는 독일에서 첫 번째 수상으로 콘라트 아데나워가 선출되었기 때문입니다. 독일을 향한 내 신뢰는 그를 통해 형성되었습니다. 아데나워가 독일의 신용도와 신뢰를 재건하기 위해 당장은 아니더라도 언젠가 꼭 채무를 변상할 거라고 기대했습니다. 언젠가 독일 바이로이트에서 관람한 오페라 〈트리스탄과 이졸데〉의 쉬는 시간에 평소 음악에 관심이 있을 거라고는 전혀 예상하지 못했던 옛 증권거래소 동료와 우연히 마주친 적이 있었습니다. "여기서 뭐하는 건가?" 나는 그에게 물었고, 그의 대답은 간결했지만 많은 의미를 함축하고 있었습니다.

"끝나기만을 기다리고 있다네!"

나는 영 본드와 관련하여 그런 태도를 취하고자 했습니다. 내가 살짝 귀띔을 한 내 친구들조차 갈수록 시세가 하락하자 있는 것마저 재빨리 팔아버리고 있었습니다. 하지만 그럴수록 나는 채권을 더 사들였습니다. 매수 주문을 대행해 주던 스위스 은행은 이런 내 행동을 비웃기도 했지요.

"그 채권들은 절대로 상환되지 못할 텐데요." 그들은 조소하는 투로 말했습니다. 내가 보기에 그들에게는 상상력이 결여되어 있었습니다. 언젠가 아인슈타인도 말하지 않았던가요. "상상력은 지식보다 중요하다!" 증권시장에도 상상력과 인내심은 필수입니다.

관련 규정이 제정될 거라는 조짐이 나타난 후에는 당연히 시세가 반등하기 시작했습니다. 하지만 나는 그 채권을 팔지 않고 1,000프랑이 될 때까지 묵묵히 기다렸습니다.

그로스　　　　　흥미롭군요. 그래서 그 채권은 선생님의 예상대로 상환되었습니까?

코스톨라니　　　액면가 1,000프랑짜리 채권을 나는 250프랑에 사들였고 그 채권을 무려 3만 5,000프랑에 되팔았죠. 아마 그로스 씨는 어떻게 그게 가능했느냐고 물을 것입니다. 전쟁이 진행되는 동안 프랑의 화폐 가치는 갈수록 하락했습니다. 하지만 이미 그때부터 독일과 프랑스의 우정에 대한 비전을 품으며 심지어 독일-프랑스 동맹까지 염두에 두었던 아데나워는 이렇게 말했습니다.

"영국인들에게 짭짤한 파운드를, 미국인들에게 짭짤할 달러를 지불하면서 프랑스인들에게만 평가절하된 프랑을 배상할 수 없습니다." 아데나워는 채권 보유자들이 달러로 영 본드를 소유한 것으로 간주했습니다. 이 채권 투자가 내게 좋은 기억으로 남아 있었기에 얼마 전에도 이와 유사한 투자를 시도한 적이 있었습니다. 이번에는 좀 더 재미를 보려는 의도로 시작했지만 그중 일부는 이미 처분했습니다.

고르바초프와 레이건이 여러 정상 회담에서 회동한 후 양국 간의 긴장감이 확연히 느슨해지자, 나는 고르바초프가 때가 되면 서방 열강에 수십억에 달하는 달러 채권을 발행할 것이라고 예측했습니다. 결국 이 대출이 승인이 되겠지만 러시아 시대에 진 옛 채무를 우선 정리해야 한다는 조건이 붙을 것이라 확신했습니다(프랑스 법률상).

그래서 평소 잘 알던 옛 동료 중에 일명 불량 채권을 주로 거래하는 중개인에게 연락해서, 1822년에서 1910년 사이에 발행된 옛 러시아의 채권을 사달라고 부탁했습니다. 증권거래소에 등재된 거래량은 얼마 되지 않았지만 1917년 레닌이 새로운 소련 정부는 옛 러시아 시절의 채무를 변상하지 않을 것이라고 선언한 이후 액면가의 4분의 1에서 1퍼센트까지 곤두박질 친 상태였습니다. 아마 채권의 상당량이 이미 쓰레기통에 처박혔을 것입니다. 기존 채권 소유자나 상속자들은 짜증날 수밖에 없는 상황이었습니다.

1991년 10월 29일, 당시 소련의 서기장이었던 미하일 고르바초프는 파리에서 프랑수아 미테랑Francois Mitterrand과의 만남에서 러시아가 진 채무를 공식적으로 인정했습니다. 그러자 옛 러시아 시절의 채권 거래가 부활했습니다. 액면가 500프랑 채권 가격은 고작 액면가의 2퍼센트에 불과했지만 순식간에 60프랑으로 올랐습니다. 지난 몇 달간 거래는 없는 것이나 마찬가지였고, 시장은 흡사 텅텅 빈 것만 같았죠. 물론 영 본드의 경우처럼 '즉시 현금으로 지급하는 것'과 같은 완전한 상환을 계산하지 않았지만 어느 정도 조정될 것이 확실했습니다.

러시아는 신규 대출을 수용하기 전에 유럽 위원회에 확실한 채권 변제 수용 의사를 밝혀야 했습니다. 나 또한 처음부터 전액 상환을 기대하며 투자한 것은 아니었습니다. 러시아 채권은 오래전에 발행된 것이었고, 종전 후 독일은 오늘날의 러시아보다 훨씬 더 잠재력이 높았죠. 하지만 시세가 많이 하락한 상황이라면 이자를 지불하는 새로운 채권으로 갈아타지 않을 이유가 없었습니다. 또는 언젠가 민영화된 러시아 기업의 주식으로 돌려받을 가능성도 있었습니다.

어쩌다 내가 이런 비전을 갖게 된 것인지 궁금해하는 사람들도 더러 있을 것입니다. 다음과 같은 에피소드를 예로 들어 그 질문에 답해보겠습니다. 젊었을 때 한창 운전을 배우던 시절 운전기사가 내게 말했습니다.

"선생님은 운전하는 법을 절대 제대로 배우지 못할 것입니다!"

"왜 그러십니까?" 그의 말에 낙심해 물었습니다.

"운전할 때 항상 자동차 보닛만 주시하고 있으니까요. 고개를 들고 저 멀리 300미터 앞을 바라보세요."

그 조언을 마음에 새긴 다음부터는 운전석에서 완전히 다른 사람이 되었습니다. 나는 경제학자들에게 내년의 경제 성장률이 3.2퍼센트 또는 3.3퍼센트일지 갑론을박하지 말고 고개를 들고 저 멀리 바라보라고 조언합니다. 노련한 경제학자라면 똑같은 모험을 감행하지 않을 거라는 데 내기라도 걸고 싶습니다.

당시 내가 영 본드를 상환받고 난 후 스위스 제네바 경매장에서 가톨릭교의 기도서를 낙찰받았습니다. 단순한 인쇄본이 아니라 판각된 책으로 아름답게 제본되어 있었습니다. 그리고 나는 두 통의 감사 편지를 받았습니다. 한 통은 아데나워가 사적으로 보낸 것이고 또 한 통은 독일의 공식적인 입장이 담긴 편지였습니다. 앞으로 옛 러시아 시대의 채권으로 얼마나 상환받게 될지 두고 볼 것입니다. 어쩌면 훗날 고르바초프에게 선물을 보내야 할지도 모르겠습니다.

그로스　　　　그런 날이 오면 꼭 말씀해 주세요. 매우 궁금하군요. 그런데 선생님께서는 '가톨릭'이라는 단어를 지금까지 여러 차례 사용하며 가톨릭 신자라고 말씀하셨습니다. 아데나워 총리 역시 가톨릭 신자라고 합니다만. 선생님께서는 평소 신앙심이 깊은 편이신가요?

코스톨라니   그렇지는 않아요. 기회가 되면 여기저기에 있는 교회에서 기도를 하긴 합니다. 부모님과 형제들도 가톨릭식으로 장례를 치렀지만 그리 절실한 신도는 아닙니다.

그로스   그렇다면 종교에 대한 기본적인 마음가짐이라고 해야 할까요? 종교관이라고 할까요? 그런 것들에 대해 말씀해 주시겠습니까?

코스톨라니   네, 나는 본질적으로 신을 믿습니다. 지금까지 행복한 삶을 살았죠. 그중 많은 부분을 이야기했는데요. 내가 항상 위기에 처할 때마다 나를 구해주는 누군가가 있었습니다. 몇 번의 파산을 겪기도 했지만 신은 항상 내가 다시 일어설 수 있도록 이끌어 주셨습니다. 어떻게 보면 오뚜기처럼 일어설 수 있게 도와주셨어요.

02

달러의 평화

그로스　　　선생님은 이미 32년째 경제 매거진 〈캐피털〉에 칼럼을 기고하고 있지요. 어떻게 보면 새로운 직업에 도전하는 것인데요. 이외에도 쇼 프로에도 출연하며, 이곳저곳으로 옮겨 다니며 강연을 통해 자본주의를 전파하고 있습니다. 이렇게까지 하게 된 이유가 있을까요?

코스톨라니　　　저널리스트는 내가 동경하던 꿈의 직업이었습니다. 문예란의 집필자가 되고자 대학에서 철학과 미술사를 전공했지만, 그 일을 왜 하지 못했는지에 대해서는 앞서 설명했죠. 결국 저는 간절히 바라던 소망을 실현하지 못했습니다. 물론 현재 여러 신문에 기고하고 있지만 말입니다. 파리에서 수습 기자로 활동하는 동안 체코, 루마니아, 유고슬라비아에 있는 헝가리어로 발행되는 4곳의 신문사에 칼럼을 썼습니다. 금융뿐만 아니라 일반적인 파리에 관한 내용을 기사로 쓰곤 했습니다. 파리에는 세계 정치와 관련하여 헝가리인들이 관심을 보일 만한 일이 굉장히 많이 벌어지거든요. 빈의 신문사에서도 일한 적이 있습니다. 그곳에서도 헝가리어로 기사를 썼고 나처럼 독일어가 능숙하지 않던 내 사촌 팔로스의 통역가로 활동했습니다.

전쟁 전에도 저널리스트로 활동한 적이 있습니다. 그때 집필한 글은 책으로도 출간됐습니다. 책의 제목은 《수에즈-어느 한 기업의 이야기 Suez-der Roman eines Unternehmens》였죠. '수에즈 회사 Compagne de Suez'는 당시 거대한 주식회사였습니다. 19세기에 수에즈 운하의 자금 담당 회사로 설립되었으며 런던과 파리 증시에 상장된 유로터널처럼 운하터널을 건설하는 데 필요한 자금을 조달했습니다. 저는 수에즈 주식에 여러 번 투자했는데, 당시 그 주가가 너무 과대평가되었다고 생각해서 책으로 그 내용을 발표하고 싶었어요. 이로 인해 동료 주식 중개인 아르민 바인레브로부터 비난도 받았습니다.

뉴욕에서도 부업으로 경제 잡지 〈배런스 Barrons〉에 글을 기고

했지요. 오늘날까지도 발행되고 있는 이 잡지는 증권업자들 사이에서 정평이 나 있습니다.

다시 파리의 시절로 돌아가면, 내가 집필한 《달러의 평화La Paix du Dollar》가 출간됐습니다. 이 책은 당시 미국 외교 정책에 대한 내 의견이 주를 이뤘습니다. 내 관점에서 본 중동 국가의 평화를 확보하는 방법이 적혀 있었어요. 당시 미국은 이스라엘과 아랍에 평화 유지 대가로 돈을 건넸습니다. 그래서 책에 '달러의 평화'란 제목이 붙여진 것입니다. 나는 이 평화가 미국과 소련이 체결한 비밀 협정에 근거를 두고 있으며, 그것이 타국의 이해관계를 존중하고 최대한 군사적 수단을 배제한 상태의 평화를 가리킨다고 설명했습니다. 전쟁 직후에 이런 강국의 협정은 실제로 제법 잘 지켜졌습니다.

첫 번째 커다란 시련은 한국 전쟁이었습니다. 그곳에서 이 두 강대국은 남한과 북한을 가르는 일명 38선을 두고 맞붙었습니다. 북한은 소련의 그리고 남한은 미국의 이해 국가였기 때문입니다. 한 나라가 둘로 쪼개져 전쟁이 터지고 미국의 편에서 남한이 북한을 몰아내는 데 성공하자 사람들은 그러다 미국이 한반도 전체를 접수하는 것은 아닌지를 놓고 내기했습니다. 동시에 헝가리에는 미국의 도움이 필요한 반혁명이 일어나고 있었습니다. 이 두 가지 사건에서 세계 평화를 유지하려는 미국의 외교 정책은 물론 소련의 이해관계도 준수되었습니다. 한국 전쟁은 중국에도 영향을 미쳤습니다. 사람들은 미국이 한반도 전체를 점령하면 중국 공격을 시작할 수도 있을 것이라고 판단했죠. 하지만 내게는 미국이 그러지 않을 것이라는 확신이 있었습니다. 한국 전쟁이 발발한 그 당시 증권가의 동료이자 친구인 루이스 제스티안Louis Gestian이 전화를 걸어왔습니다.

"앙드레." 그가 말했습니다.

"미국 항공기가 중국에 폭탄을 투하했다는 소식이 있던데."

"믿을 수 없는 소리군." 나는 확신하는 말투로 그의 말에 대답했습니다.

"분명 증권가 전광판에서 그리 봤는걸." 그가 말했습니다.

나는 그가 본 전광판 뉴스를 토씨 하나 빼놓지 않고 있는 그대로 읽어주기를 요청했습니다. 그 내용은 다음과 같았죠.

"북한의 항공을 비행하던 미국 폭격기가 중국 국경 근처에서 폭탄을 투하했다고 중국 통신은 발표했습니다."

뉴스란 종종 잘못된 해석을 내놓습니다. 그래서 아무 일이 벌어지지 않았음에도 이따금 증시는 폭락합니다. 나는 좋은 투자자란 새로운 뉴스뿐이 아니라 대중의 반응도 살펴야 한다고 강조합니다. 내 책《달러의 평화》는 그런 면에서 미국 외교 정책에 대한 다양한 통찰과 시각을 심어주는 계기가 되었습니다. 그것이 얼마나 효과적이었는지는 미국 대사관의 언론부 담당관 로웰 베넷Lowell Benett이 한 말을 통해 눈치챌 수 있었습니다.

"책의 내용은 마치 작가님이 우리 기밀 전략 문서를 열람하신 것처럼 그 과정을 세세히 설명하고 있군요."

내 추측에 불과했던 비밀 협정이 실제로 존재했던 것입니다. 그 이후로 미국 대사관과 좋은 관계를 유지했으며, 프랑스의 여러 도시로부터 미국 외교 정치에 관한 강연을 부탁받았죠. 하지만 책의 성공 비결의 배경에는 이들이 아닌, 당시 외무 장관이자 훗날 프랑스의 수상을 역임한 로베르 쉬망Robert Schuman이 써준 추천사가 있었습니다. 어쩌다 그렇게 된 것인지 그 사연을 설명하려면 이 책의 발단으로 되돌아가야 합니다. 남미 여행이 책을 쓰게 된 계기였는데요. 남미에는 몇 년 전 세상을 떠난 내 사촌, 게오르그 코스톨라니가 살았죠. 나는 그를 방문한 김에 남미 대륙 전체를 여행했습니다. 두 달간 곳곳에 있는 헝가리 타운을 방문했습니다.

그곳에 사는 사람들은 반혁명이 일어난 당시 미국이 도와주지 않았다며 거친 욕설을 퍼부었습니다. 그 무렵 수에즈 전쟁이 발발했습니다. 소련과의 협정을 깨트리지 않으려던 미국은 프랑스와 영국을 제지했습니다. 프랑스와 영국이 중립적인 이집트의 땅까지 진격한다면 그 즉시 소련도 입장을 바꿀 것이라고 판단한 것입니다. 그러한 제재는 무엇보다 당시 이집트의 수장이었던 나세르 대통령을 어떻게든 실각시키려던 프랑스의 구미에 전혀 맞지 않았을 것입니다. 프랑스는 나세르 대통령이 알제리의 혁명을 지지한 것에 대해 불만을 품고 있었습니다. 그렇게 미국은 프랑스에서도, 영국에서도, 헝가리에서도 지지받지 못했습니다. 하지만 나는 미국에 대한 이러한 평판이 매우 부당하다고 생각했기에 이 내용을 꼭 집필해야겠다고 결심했습니다. 그렇게 여행에서 돌아오자마자 타자기 앞에 앉았죠.

처음에는 한 손에 쥘 정도의 소논문 정도로만 계획했습니다. 그러나 이 주제와 관련하여 나는 미국의 열렬한 애국자였던 것 같습니다. 무려 140페이지에 이르는 책으로 완성됐기 때문입니다. 당시 나는 기독교 MRP 정당의 프랑스 정치인들과 친분이 있었습니다. 그래서 이 책자를 로베르 쉬망과 가까운 동료인 MRP 정당 대표에게 건넸습니다. MRP 정당 대표는 내 접근방식을 흥미롭게 생각했고, 당시 함께 일하던 외무 장관에게 그 책을 건넸습니다. 이후 로베르 쉬망이 그 소책자를 책으로 출간한다면 추천사를 써줄 의향이 있다고 전해왔습니다. 그래서 평소 알고 지내던 유명 출판사에 연락했고, 출판사에서는 곧바로 출간하겠다는 의사를 밝혀왔습니다 (에디시옹 플롱Edition Plon 출판사).

얼마 지나지 않아 〈파리 프레스Paris Presse〉에서 내 책의 일부를 신문에 실어도 될지에 관해 문의했고, 또 종종 외교 정책에 대한 논평을 발표할 의향이 있는지 의사를 물었습니다. 《달러의 평화》의 출간은 엄청난 광고가 되었으므로 그 이후로 집필한 책은 모두 큰 성공을 거두었습니다. 그렇게 새로 시작한 집필 활동은 내게 큰 자극이 되었습니다. 그래서 이후 몇 년간 〈파리 프레스〉의 석간신문에 글을 썼습니다. 추후 〈파리 프레스〉는 〈프랑스 수아르France Soir〉로 합병되었습니다.

내 활동과 연관된 흥미로운 여행도 있었는데요. 언젠가 아이젠하워의 사절단 소속으로 인도를 방문한 적이 있습니다. 나는 프랑스-미국의 관계, 미국에서의 샤를 드 골에 대한 많은 글을 썼고, 그것으로 절대로 당연하지 않았던 미국-프랑스 우정에 작게나마 기여했습니다. 당시 프랑스에는 반미 감정이 지배적이었습니다. 이를테면 사람들은 미국이 알제리의 지하 자원에 손을 대기 위해 알제리가 프랑스와 반목하도록 부추겼다고 생각했습니다. 내 생각에는 당연히 말도 안 되는 헛소리였습니다. 훗날 폴 르노Paul Renault(유명 프랑스 정치인)가 나의 기여에 레지옹 도뇌르 훈장 수여를 촉구하는 발의를 했습니다. 그렇게 나는 프랑스 대통령 샤를 드 골에게서 훈장을 수여받았습니다.

〈파리 프레스〉 신문사와의 집필 활동이 끝나갈 무렵 나는 은퇴를 선언했습니다. 어느새 나도 제법 나이가 들었기 때문이었지요. 하지만 막상 은퇴를 하고 보니 기분이 전혀 좋아지지 않더군요. 오히려 매사가 지루하기만 했습니다. 그 좋아하던 독서와 음악 감상으로 모든 시간을 채울 수는 없었으니까요. 어딘지 모르게 의기소침해졌습니다. 그래서 세계적인 심리학자이자 동향인 손디Szondy 교수를 만나기 위해 불쑥 취리히로 찾아갔습니다. 애석하게도 손디 교수는 불과 몇 년 전에 별세했더군요.

그 당시 손디 교수에게 내가 마주한 문제를 설명하자, 심리학자들이 즐겨 사용하는 손디 검사Szondy Test를 시행했습니다. 우리는 함께 48장의 사진을 살펴보며 내가 누구에게 호감을 느끼고, 또 비호감을 느끼는지 손디 교수에게 내 감정을 전했습니다. 한 시간쯤 여러모로 검사하던 교수는 다음과 같이 질문했습니다.

"가정에서 폭발하는 사람이 있다면 누구였나요? 또는 분노를 터트리는 사람은요?"

"아버지요." 그의 질문에 대답했습니다.

"당신도 그럴 때가 있습니까?" 또 다른 질문이 되돌아왔지요.

"네." 나는 곧장 대답했습니다.

손디 교수는 검사 결과 내가 평소 에너지가 많은 편이며, 그래서 끊임없이 무언가를 해야만 한다고 설명했습니다. 만약 원시인이라면 장작을 패오라고 숲으로 보내거나 넘쳐나는 에너지

발산을 위해 하다못해 돌을 부수게 할 거라고 설명했습니다. 하지만 문명인이자 수준 높은 교육을 받은 사람으로서 그런 원시적인 일이 아닌 다른 무언가를 해야만 한다고 설명했죠. 손디 교수는 내게 글을 써보라고 제안했습니다.

"집필 활동을 해보면 어떻겠습니까?"

"좋습니다. 하지만 이미 10년 전에 책을 집필한 적이 있습니다. 또 무슨 내용으로 책을 쓰면 좋을까요?"

"평소 코스톨라니 씨의 관심 분야는 무엇입니까?"

"두 가지입니다. 하나는 내 종교라 할 수 있는 음악이고, 또 다른 하나는 증권시장이죠."

"그러면 둘 중 하나에 대해서 쓰면 좋겠군요!"

그것이 손디 교수의 조언이었습니다.

상담 후 집으로 돌아와 곰곰이 생각했습니다. 사실 음악에 대해서는 쓸 만한 내용이 떠오르지 않았습니다. 특히 나보다 능력과 재능이 넘치는 사람들이 그 분야에 수두룩했고, 더욱이 난 전문적인 교육을 받은 음악가가 아니었으니까요. 그래서 내가 선택한 건 결국 증권시장이었습니다. 그때 떠오른 생각은 '책 한 권을 가득 채울 정도의 경험이야 충분하지'였습니다. 〈파리 프레스〉와 일하면서 언론사와 문학 분야에도 많은 친구가 생기기도 했고요. 대형 프랑스 출판사 르네 쥘리아르René Julliard의 문학 담당 편집장 조르주 페르누^{Georges Pernoud}와도 친분이 생겼고, 프랑수아즈 사강^{Francoise Sagan}의 책을 출판했던 페르누와도 종종 같이 식사했습니다. 어느 날 식사가 끝날 무렵 증권시장 이야기를 듣고 있던 페르누가 마침내 내가 속으로 바라던 말을 꺼냈습니다.

"코스톨라니 씨 이야기는 정말 흥미로웠고, 유쾌했어요. 한 번 책으로 내봐도 좋을 만큼요."

그로부터 이틀 뒤 페르누는 계약서를 보내왔고, 그렇게 1961년 증권시장에 관한 책이 독일 고베르트^{Govert} 출판사에서 《이것이 증권시장이다^{Das ist die Börse}》라는 제목으로 출간됐습니다. 이 책은 1960년 프랑스에서 먼저 《증권시장이 이야기를 할 수 있었다면^{Si la Bourse m'était comptée}》이라는 제목으로 출간됐었습니다. 사샤 기트리^{Sacha Guitry}가 영화화한 작품 〈베르사유가 이야기를 할 수 있었다면^{Si versailles m'était comptée}〉의 제목을 살짝 모방한 것입니다.

03

돈, 사랑한다면
투자하라

그로스　　　　프랑수아즈 사강의 책을 낸 편집장과의 만남이 참 흥미롭습니다. 아무리 잘 아는 분야지만, 집필 과정이나 책으로 내기까지 과정이 쉽지는 않았을 것 같습니다.

코스톨라니　　　　원고를 제출하던 때만 해도 확신이 없었습니다. 내 초고를 받은 페르누 편집장은 보도, 이론, 일화 등 책의 구성이 다소 뒤엉켜 있다고 말하면서 다음의 말을 덧붙였습니다.

"그래도 좋습니다. 그런 내용이 없으면 너무 단조로울 테니까요."

원고를 전부 읽은 후 페르누 편집장이 말했습니다.

"코스톨라니 씨, 이 책은 너무 훌륭합니다. 우리는 이 책을 꼭 베스트셀러로 만들 것입니다."

그 책은 출간된 후 텔레비전 방송에서 인터뷰를 할 정도로 프랑스에서 큰 성공을 거뒀습니다. 그리고 지인들 중 평소 인맥 왕이던 알베트 한Albert Hahn이 고베르트 출판사와 연이 닿아 있었는데, 그곳에 내 책을 소개했습니다. 또한 알베트 한은 내게 독일 번역본에 서문을 써주겠다고 약속했습니다. 그렇게 그 책은 독일어와 일본어를 포함한 총 7개 국어로 번역되었습니다.

알베트 한은 내 인생에서 가장 중요한 지인 중 한 명입니다. 뉴욕에서 내 오래된 친구이자 증권업자인 프리덴슈타인Fridenstein을 통해 그를 알게 되었습니다. 프리덴슈타인은 훗날 내가 뉴욕에 설립했던 금융회사의 주주로 참여하기도 했습니다.

알베트 한은 스위스에서 피난 온 난민이었습니다. 그 또한 나처럼 교회에서 세례받은 신자였지만 히틀러에게는 유대인에 불과했던 것입니다. 그의 부인은 아리아 혈통을 지닌 여 백작이었습니다. 스위스에서 전혀 두려울 것이 없는 실세였음에도 불구하고 한은 당장이라도 독일군이 문 앞까지 쳐들어올 것 같은 기색에 서둘러 미국으로 망명했습니다. 그에 비하면 나는 가난한 축에 들었습니다. 한은 미국에 올 때 무려 백만 달러 이상을 들고 왔다고 합니다. 그중 가장 큰 부분은 상속받은 것이었습니다. 그의 증조할아버지가 독일 에프펙텐방크 Effektenbank의 설립자였고, 한의 가문은 로스차일드 가문 이전에 엄청난 부를 축적한 대부호였습니다. 그들은 일명 프랑크푸르트 유대인 연대 소속이었습니다. 애석하게도 지금은 그들 중 살아남은 사람이 아무도 없습니다. 한의 부친은 그 시절 유행했던 스위스 시민권을 샀고, 그렇게 스위스 시민권자가 되었습니다.

《이것이 증권시장이다 Das ist die Börse》는 그때까지 독일에서 이 주제로 출간된 책이 전무했으므로 베스트셀러로 등극했습니다. 여전히 독일인은 주식 투자를 즐기지 않지만, 그때는 그 수가 훨씬 더 적었습니다. 그래서 내 책은 새 분야를 개척하는 성과를 달성했습니다. 오늘날 독일에는 증권시장 관련 서적이 수두룩하죠. 뮌헨의 후겐두벨 Hugendubel 서점만 해도 책장에 증권 분야 책들이 빼곡하게 꽂혀 있습니다. 내 책들은 아직도 판매량이 꾸준합니다. 이 분야의 경쟁자가 늘어나고 활성화되어서 그런 것일 수도 있겠고, 아니면 아직까지도 내가 폭넓은 대중에게 잘 알려진 유일한 저자이기 때문일지도 모르겠습니다.

책으로 큰 성공을 거둔 후 특히 독일에서의 활동에 집중했습니다. 독일 증권 분야에 있어서 관련 수업을 필요로 하는 수

요가 매우 크다는 것을 감지했던 것입니다. 첫 번째 책에 이어 《돈, 가장 큰 모험Geld, das große Abenteuer》라는 제목으로 두 번째 책이 출간되었습니다. 앞서 첫 번째 책으로 큰 성공을 거둔 터라 〈캐피탈〉과 연락이 닿았죠. 어느 날 코르넬리우스 바우만Cornelius Baumann이 전화를 걸어왔어요. 그는 당시 〈캐피탈〉에서 프리랜서로 일하는 직원이었습니다. 바우만은 내게 〈캐피탈〉에 칼럼을 쓸 의향이 있는지 물었습니다. 그는 몰랐겠지만 바우만의 제안은 내 신경을 제대로 앗아갔는데요. 평소 내가 간절히 소망하던 꿈이 바로 칼럼이었기 때문입니다. 나는 간헐적으로 글을 기고하곤 했지만 정기적인 칼럼을 쓰는 것은 정말 내 꿈이었습니다. 바우만은 나를 〈캐피탈〉의 창립자 아돌프 테오발트Adolf Theobald에게 데려갔습니다. 편집국은 지금과 똑같이 오이페너 거리에 있었고, 처음에 이 일을 시작했을 때 나는 칼럼 1회에 200마르크를 원고료로 받기로 했습니다.

약 30년의 세월이 흘렀는데, 2000년 1월인 지금도 나의 가장 큰 꿈은 칼럼을 쓰는 것입니다. 지금까지 딱 두 차례 칼럼 연재를 지키지 못한 적이 있습니다. 한 번은 내가 외국에서 심한 독감에 걸렸을 때였고, 다른 한 번은 편집장이 내 칼럼이 IOSInvestors Overseas Services(국제 금융 서비스 회사)를 지나치게 공격한다고 판단하여 게재하지 않았던 때였습니다. 편집장은 사람들이 버니 콘필드Bernie Cornfeld를 사랑하므로 지나친 혹평은 거부감을 느낄 것이라는 견해를 갖고 있었습니다. 그 칼럼은 결국 나중에 게재되었는데, 그것이 IOS와의 전쟁에서 정면으로 맞붙은 유일한 비평은 아니었습니다. 나는 개인적인 경험을 토대로 콘필드의 예언이 얼마나 잘못된 것인지 잘 알고 있었습니다. 콘필드와 함께 일했던 직원인 헨리 불 3세Henry Buhl III는 나를 버니 콘필드의 IOS 펀드를 판매할 중개인으로 고용하려고 여러 차례 접선을 해왔습니다. 무려 천만 달러를 휘두를 수 있는 기회였습니다. 그저 내가 얼마나 많은 매상을 올리느냐가 관건이었습니다. 다른 트레이더들도 한 열 명 정도 있었을 텐데요. 그 중 한 명이 IBM 주식 1만 주를 공매도하고 내가 그것을 사겠다고 하면 어떻게 할 것이냐고 묻자, 헨리 불은 그것이 문제가 되지 않는다고 대답했습니다. 중요한 것은 결국 모두가 이익을 내는 것이라고 말했지요. 그래서 나는 그들이 제안하는 직장을 즐거운 마음으로 걷어 차버렸습니다. 어쨌거나 헨리 불과 나눈 대화는 매우 유익했습니다. 그와의 대화는 나에게 IOS 운영방식과 결국에는 최악의 결말로 이어질 도박장이 굴러가는 생태를 자세히 파악하는 계기가 되었습니다.

IOS와의 전쟁 중에 오래된 파트너이자 친구가 된 고트프리드 헬러Gottfried Heller를 소개받았습니다. 우리는 바이에른 모기지 은행Hypothekenbank에서 주최한 한 행사에서 만났습니다. 본에서 온 경제부 참사관이 당시 새로운 외국 투자 규정에 대해 연설을 하며 투자 수단으로써 펀드의 유용성을 강조하고 있었습니다. 참사관은 펀드가 직접 자동차를 마련할 수 없는 사람들에게 꼭 맞는 옴니버스 같다고 비유했습니다. 이에 참사관에게 외국 버스 운전자가 아예 면허증도 소지하지 않았다면 이를 어떻게 규제할 것인지 질문했습니다.

행사가 끝난 후 고트프리드 헬러는 나를 불러 〈코스톨라니의 실전 투자 강의〉 강연을 개최해 보자는 아이디어를 내놓았습니다. 나는 그 제안을 긍정적으로 수용했고, 우리는 그 계획을 실행했습니다. 그 이후로 내 세미나를 방문한 사람들의 수는 무려 2만 명을 넘었습니다. 그 밖에도 나는 고트프리드 헬러가 설립한 피두카Fiduka 유가증권 투자사의 파트너가 되었습니다. 현재 이 투자사는 4개의 펀드 상품과 총 운용 자산이 2억 7,000만 마르크인 유가증권을 운용하고 있습니다.

그렇게 수많은 활동으로 내 인기가 급상승했습니다. 또 시간이 흐를수록 텔레비전 인터뷰 제안이 쇄도했습니다. 〈저녁이 깊어갈수록Je später der Abend〉 프로그램에서 하이데마리 비초레크 초일Heidemarie Wieczorek-Zeul(독일의 사회민주당 소속 정치인)과 벌인 논쟁은 센세이션을 일으켰지요. 훗날 이와 관련하여 신문에서 여러 번 회자되기도 했습니다. 보수주의자들에게는 그들이 공감할 만한 부분을 들려주었습니다. 특히 릴리 다바스^{Lilli Darvas}의 일화는 비초레크초일에게 일전을 불사하게 만들었습니다. 릴리 다바스는 헝가리 출신이지만 훗날 독일에서 배우이자 막스 라인하르트^{Max Reinhardt}가 배출한 위대한 스타가 되었습니다. 그녀는 페렌츠 몰나르의 마지막 부인이었기 때문에 개인적인 친분을 쌓을 수 있었습니다. 어느 날 파리를 방문한 릴리와 저녁 약속을 잡았습니다. 함께 식사를 마친 후 그녀가 내게 말했습니다.

"앙드레, 이제 나는 멋진 옷을 차려 입으려 갈 예정이에요. 그리고 사람들이 내게 어떻게 반응하는지 보려고 번화가도 갈 예정이죠. 괜히 여자가 아름다운 것은 아니니까요."

이 에피소드로 나는 적발의 하이디에게 남성우월주의자로 찍혀버렸습니다. 그날 저녁 호텔로 돌아오자마자 여성단체에서 보낸 전갈이 도착해 있었습니다. 더는 정확한 내용이 기억나지 않지만 하이디의 어리석은 실수를 사과하는 내용이었습니다. 아무튼 그것으로 내 인기는 크게 치솟았습니다.

그로부터 얼마 지나지 않아 신간이 출간되었습니다. 지금까지 출간된 책 중 가장 포괄적인 내용을 담은 이 책은 제발트^{Seewald} 출판사에서 출간되었습니다. 그리고 기억하기로는 개정된 9판부터는 하드커버로 그리고 그 이후에는 포켓북 버전으로도 출시되었어요. 제발트 출판사에서는 《돈 사랑한다면 투자하라 Wunderland von Geld》에 이어 일화 중심으로 집필한 《코스톨라니의 투자 노트 Kostolanys Notizbuch》를 연달아 출간하였습니다.

그 이후로 이 책을 포함하여 총 6권이 이콘 ECON 출판사에서 출간되었습니다. 처음 이콘 출판사와 접촉하게 된 계기에는 매우 유쾌한 사연이 있습니다. 이콘 출판사의 총편집장이 전화를 걸어와 책을 집필할 의사가 있는지 물었습니다. 그의 질문에 나는 이렇게 대답했습니다.

"어쩌면요. 하지만 먼저 의논부터 해야겠죠. 어차피 다음 주에 뒤셀도르프를 방문할 일정이 있으니 만나서 상의하도록 합시다."

우리는 힐튼 호텔 로비에서 만나기로 약속했습니다. 우리는 호텔 레스토랑으로 가서 함께 점심 식사를 하며 대화를 나눴습니다. 우리가 식사를 하는 동안 마찬가지로 그곳에서 식사하던 매우 세련된 차림의 신사가 우리 테이블로 다가왔어요. 그 신사가 나를 응시하며 조심스레 말을 걸었습니다.

"혹시 코스톨라니 씨가 아니십니까?"

"그렇습니다." 내가 답했습니다.

"당신에게 감사의 말을 전하고자 왔습니다. 그리고 《돈 사랑한다면 투자하라》의 출간을 축하드립니다. 책을 읽으면서 큰 감명을 받았습니다."

당연히 내 건너편에 앉은 상대는 이 상황에 어리둥절한 것
같았죠. 물론 내가 그 신사를 고용해서 이런 자작극을 벌였다
고 생각할 수도 있었을 것입니다. 내 미래 출판인이 그 레스토
랑을 직접 고르고 예약하지 않았더라면 말입니다.

9장

돈, 돈, 돈

01

이상향은
만들면 된다

그로스　　　　　선생님께서는 IOS 사건을 제대로 간파하고
독일 대중에게 손실이 크게 생길 수 있음을 경고했습니다. 그
시간 이후로 독일에서 경제 분야의 통찰력을 갖춘 스승으로 명
성을 얻고 있습니다. 오늘날의 정치인들이 경제적 판단력을 상
실했다고 생각하십니까, 아니면 유럽에서 시행되는 경제 정책에
만족하고 계십니까?

코스톨라니　　　　유럽의 합의 과정을 말하는 거라면 찬성하
는 바라고 말하고 싶습니다. 내게 투표권이 있었다면 마스트리

히트를 찍었겠지만 어차피 당선되지는 않았을 것입니다. 유럽 화폐통합을 반대하는 사람들에게 어차피 그래봤자 아무런 소용이 없으니 마스트리히트와 싸울 가치가 없다고 말해주고 싶습니다. 물론 많은 열정적인 유럽인들이, 물론 나 또한 그들 중 하나지만 통합된 화폐를 꿈꿉니다. 이 화폐통합이 정치적으로 통일된 유럽의 토대이자 조건이라고 믿기 때문입니다. 하지만 실상은 반대라고 할 수 있습니다. 초국가적이고 절대적인 경제, 재정, 사회정책의 유럽통합이 화폐통합에 불가결한 조건입니다.

이런 식의 정세는 옛 오스트리아-헝가리 제국을 떠올리게 합니다. 그때에도 각국의 의회가 공존했으며 외교 정책, 금융정책, 국방정책을 공동으로 규제했습니다. 헝가리의 왕 프란츠 요제프는 모든 법령의 효력이 발생하기 전에 수결手決을 해줘야 했습니다. 그리고 양국의 의회에서 지지를 얻은 상황에서만 시행할 수 있었습니다. 당시 지폐의 한 면은 독일어로 그리고 다른 한 면은 헝가리어로 인쇄되었습니다.

변동 환시세의 근본적인 의미는 양국의 차이 나는 경제 발전을 조정하는 데 있습니다. 이러한 움직임을 따라 종종 과도한 투자가 이뤄지는 것은 별개의 문제입니다. 예컨대 한 국가의 인플레이션율이 2퍼센트인 데 반해 다른 국가의 인플레이션율이 20퍼센트라면 더 큰 무역 불균형으로 이어지지 않도록 화폐 가치가 크게 하락한 나라의 통화를 필연적으로 덜 하락한 나라의 통화보다 평가절하해야 했습니다. 이럴 때는 보호주의 정책만이 도움이 됩니다. 하지만 유럽의 경우에는 전혀 터무니없는 상황입니다. 관세 동맹처럼 유럽 공동체가 시작되면 전부 허사가 될 것이기 때문입니다.

유럽의 경우 독일과 이탈리아의 사례를 살펴보면 이러한 인플레이션의 차이를 관찰할 수 있습니다. 이탈리아의 리라는 격차가 큰 인플레이션 심리를 해소하기 위해 여러 차례 평가절하되어야 했습니다. 최근 1992년 9월에서 1993년 여름까지 있었던 불균형에서 이런 현상을 살펴볼 수 있습니다. 1992년 영국, 이탈리아, 스페인은 하룻밤 사이에 유럽통합 체제에서 갈라섰습니다. 경제를 점점 더 깊은 불황으로 이끄는 헬무트 슐레징어가 선두에서 지휘하는 독일 중앙은행의 화폐 시세를 따라갈 준비가 되어 있지 않다는 이유였습니다. 그로부터 1년 뒤 동일한 사유로 아직 시스템에 있던 유럽연합 국가들의 통화 동맹의 변동폭이 4, 5퍼센트에서 30퍼센트(위아래로 15퍼센트)로 확장됐습니다. 변동폭의 확대는 투기꾼에 대항하는 전쟁에서 매우 좋은 수단입니다. 전체를 놓고 벌이는 도박을 멈출 수 있었습니다. 변동폭이 커지고 화폐가 약화되는 경향이 나타나면 평가절하에 투자하는 리스크가 비교적 감소하기 때문입니다. 물론 그 대신 유럽 화폐통합은 본래의 목적에서 7년 전보다 훨씬 더 멀어졌다고 할 수 있을 것입니다.

인플레이션률을 하나로 통일하는 것은 유럽의 화폐통합을 위한 기본 전제입니다. 임금, 생산성 및 세금이 동일하게 발전할때, 그리고 유럽의 각 정부 및 노동조합이 이에 동의해야지만 보장될 수 있습니다. 하지만 이를 달성하기까지는 여전히 많은 힘과 노력이 필요할 것으로 보입니다. 오늘날 유럽 국가들의 격차가 매우 크기 때문입니다. 인플레이션률을 통합하는 것이 유럽 화폐통합의 기본 전제라면, 평균 물가를 측정하기 위한 장바구니 역시 같아야 합니다. 하지만 유럽의 각양각색인 생활 환경에서 사는 국민들에게 이를 어떻게 적용한단 말인가요. 나는 유럽연합에서 가장 나란히 붙어 있는 프랑스와 독일을 오가며 두 나라를 살펴볼 기회가 많았는데요. 그 차이만 해도 상당했습니다. 프랑스인에게는 무엇보다 좋은 음식과 와인이 중요했습니다. 반면 독일인은 자동차와 집에 애착이 있습니다. 영국인에게 음식은 그리 중요하지 않지만 의복만큼은 매우 중요했습니다. 겨울이 다가오면 북유럽 국가에는 난방유가 특히 중요한 요소였던 반면 그리스, 이탈리아, 스페인은 아무도 신경 쓰지 않았죠.

정치적 대립관계도 그 정도로 심각했습니다. 프랑스인들은 무직과 생활 수준의 하락에 특히 예민하게 반응했으며, 독일인은 무엇보다 인플레이션을 두려워했습니다. 그래서 프랑스에는 예금자들이 이자와 연금에 욕심을 내는 독일에 비해 비교적 높은 인플레이션을 동반하는 가벼운 통화 정책이 마련되어 있었습니다. 프랑스인들은 주로 주식에 투자하기 때문에 금리를 그리 중요하게 생각하지 않았죠.

영국과 프랑스의 외교 정책은 오늘날까지도 유럽의 합의에 순응하기보다는 식민지를 거느린 강대국 방식에 맞춰져 있습니다. 반면 UNO^{United Nations Organization}(국제연합기구)에 의석을 마련하며 그들의 주권을 확보한 지 불과 몇 년이 채 되지 않은 독일은 공동체를 따르는 데 익숙해져 있습니다.

하지만 환경 정책 분야에서는 독일이 압도적인 선두주자입니다. 독일이 도입하려는 환경세를 몰지각한 이웃 국가의 반대로 유럽 전역으로 확대하지는 못했지만 독일 국내 정책의 압박으로 끝까지 포기하지 않았죠. 유럽연합국에 속한 12개국의 정치적 불안정은 통합된 유럽으로 가는 길목을 가로막는 또 다른 걸림돌입니다. 국가별로 4년 또는 5년마다 새로운 정부가 선출되기 때문에, 12개국의 합의가 이뤄진다 해도 그 협약은 아무 의미도 없는 서류로 전락해버릴 위험이 있었습니다. 그사이에 정권 교체가 일어나거나 국가의 이해관계가 판이하게 달라질 가능성도 배제할 수 없기 때문입니다. 사람들은 독일에 친환경 그린 정부가 들어설 거라 예상했습니다. 하지만 에너지 정책 및 환경 정책 분야에서 유럽의 합치는 아직 상상조차 할 수 없습니다. 프랑스는 녹색당의 폐지를 고집스레 주장하는 가운데 그 어떤 상황에서도 원자력 에너지를 포기할 준비가 되어 있지 않았기 때문입니다.

마지막으로 중요한 것은 독일 중앙은행 이사회 임원들입니다. 그들이 제아무리 공식적으로 화폐통합을 반대하는 발언을 하고 있어도 1년에 38만 마르크라는 급여를 받는 이 직장을 놓치지 않으려고 한 달에 두 번씩 프랑스를 방문합니다. 그 밖에도 사람들 앞에서 뽐내려는 목적으로 제로 인플레이션이 달성되기를 원한다고 말합니다. 그러나 다른 유럽 국가에서는 이런 난센스가 일어나지 않았죠. 예컨대 프랑스와 영국의 경우 절대적인 화폐 가치의 안전성보다 실업률이 훨씬 중요했기 때문입니다.

그러므로 스코틀랜드, 이탈리아, 덴마크, 그리스, 포르투갈을 하나로 통합하기까지는 시간이 제법 오래 걸릴 것으로 사료됩니다. 아니면 괴테의 말처럼 해야지요. "프랑스인이나 영국인 또는 이탈리아인이나 독일인이든 누구나 각자 자신의 이기심이 말하는 대로 따른다."

하지만 화폐통합이 이뤄질지 여부는 사실 전혀 중요하지 않아요. 왜 그런지는 쥘 로맹Jules Romains의 고전 프랑스 연극으로 설명하려고 합니다. 〈도노구Donogoo〉라는 제목의 이 연극을 1930년대 초연 당시 관람했습니다. 현재 이 고전 작품은 프랑스 국립극장에서 다시 상연되고 있습니다. 이 작품의 줄거리는 다음과 같습니다.

한 젊은 모험가는 자살을 원했습니다. 이미 여러 방법을 시도했지만 성공하지 못한 탓에 마지막으로 한 번 더 제 삶을 끊어내려 합니다. 그러다 우연히 한 공원에서 나이가 지긋한 지리학 교수 르 투르하덱Le Trouhadec과 마주칩니다. 이 노년의 교수도 기분이 매우 좋지 못한 상황이었습니다. 교수는 자살을 시도하려는 청년에게 그의 고충을 털어놓았죠. 자신의 책에 엄청난 금이 매장되어 있는 '도노구'라는 나라에 대해 집필했지만 학계의 라이벌인 다른 학자가 그것이 전부 허구라고 폭로하며 프랑스 아카데미 입성이 취소되었다는 이야기였지요.

갑자기 젊은 모험가는 정신이 번쩍 들었습니다.

"뭐라고요?" 그가 말했습니다.

"도노구가 존재하지 않는 나라라고요? 그렇다면 차라리 도노구를 만들어냅시다. 우리가 주식회사를 설립하고 도노구의 금을 채굴하는 데 필요한 돈을 마련하면 됩니다."

젊은 청년은 자신이 말한 대로 실천했습니다. 은행가들과 재무 컨설턴트와 상담한 후 회사를 설립했습니다. 주식이 곳곳에 상장되었고, 언론의 떠들썩한 선전으로 도노구의 금광 소식이 퍼져나갔습니다.

얼마 지나지 않아 이 주제는 장안의 화제가 되어 전 세계에서 모험가, 금 수집광, 게다가 파산한 사람들마저 모여 들었습니다. 모두가 르 투르하덱 교수가 금광맥이 있다고 설명한 그곳으로 가고 싶어 안달이 났고, 그렇게 그들은 그곳에서 거주하며 금을 찾아다녔습니다. 그러나 금은 단 1그램도 나오지 않았습니다. 그와는 별개로 그곳을 어떻게든 생활이 가능한 환경으로 조성해야만 했습니다. 그곳에는 주택가는 물론이고 상업 시설과 술집이 빠른 속도로 생겼습니다.

사람들은 금을 찾지 못했지만 사업이 번창했습니다. 이 작품의 마지막 장에 등장한 도노구의 주민들은 그곳에 정착한 10주년을 기념하며 축하합니다. 그리고 이 기념일에 '학문적 오류'에 헌정하는 동상의 베일이 벗겨지고 연이어 르 투르하덱 교수가 프랑스 아카데미에 선발되었다는 전보가 도착하며 연극은 막을 내립니다.

어느 날 밤 이 연극에서 아예 다른 결말을 상상해 본 적이 있습니다. 도노구의 주민들이 기념일에 축제를 벌이고, 동상의 덮개를 벗기는 순간 굉음과 함께 바닥에서 기름이 터져 나왔다면 어땠을까? 하는 상상이요.

이처럼 유럽이 하나의 정부, 하나의 화폐, 하나의 유럽 중앙은행을 갖게 될지는 사실 중요하지 않아요. 실현 가능성보다는 그것을 얼마나 바라고 소망하느냐가 더 관건입니다. 통합된 유럽연합의 비전이 소비자, 투자자 그리고 특히 기업가들의 머릿속에 각인되어 있는 동안은 모든 것이 올바른 방향으로 흘러갈 것입니다. 미래에 대한 내 관점은 열정적으로 투자하고, 건설하고, 창업하는 것이 핵심입니다. 기업가들은 외국 기업과 접촉하고 인수하면서 새로운 시대를 준비하고 있습니다. 근래 들어 첫 협약의 효력이 발생하는 것은 말할 것도 없고요. 협약서에 서명하기도 전에 세계 경기가 일어나고 있습니다.

02

불황은
부자들의 영역이다

그로스　　　　　제법 오랫동안 지속될 것으로 보이는 현 시
국은 세계 경기에 부정적인 공론이 겹치고 있습니다. 남극에서
북극으로, 일본에서 유럽을 넘어 샌프란시스코까지. 특이점이라
면 공산주의가 몰락한 이후에도 전반적으로 낙관적인 상황에
이르지 못하고 있을 뿐만 아니라 세계는 급격한 속도로 일종의
비관론적 분위기로 치닫고 있다는 겁니다.

코스톨라니　　　　그것은 전부 경제학자들의 작품입니다. 그
들은 타고난 전문 비관론자들입니다. 경제학자들 중 그 누구도

독일의 두 번째 경제 기적을 예측하지 않습니다. 왜냐하면 경제 학자들에게는 상상력이 결핍되어 있기 때문입니다. 이 주제와 관련하여 나는 쥘 로맹의 〈크노크 박사^{Knock}〉를 인용하곤 합니다. 이 연극을 무려 60년 전에 관람했습니다. 그 작품에서 사기 꾼 크노크 박사는 자신을 공격하려는 동료에게 이렇게 주장합니다.

"사실 이 세상 사람 모두가 병자야! 그걸 스스로 알지 못한다고 해도 말이지." 현재의 경제를 여기에 대입한다면 정반대로 해석할 수 있을 것입니다. 경제란 것을 알지 못해도 사실 건강한 것입니다. 모두가 항상 위기라고 말합니다. 하지만 그것은 아둔한 소문에 불과하죠. 실제로 위기와 맞닥트린 것은 주로 부자들뿐입니다.

그로스　　　　왜 불황이 보통 사람이 아닌 부자들에게 영향을 미친다고 생각하십니까?

코스톨라니　　　호화로운 생활을 위한 물가가 정신이 나갔다고 표현할 정도로 가파르게 올랐습니다. 이를테면 1940년 월 100달러에 투숙했던 피에르 호텔의 숙박료는 현재 하룻밤에 400달러로 치솟았습니다. 상류층 집안에서 성장한 나는 높은 생활 수준을 누리는 행운이 따랐지요. 이러한 관점에서 국민 경제 통계와는 별도로 그 시대를 반영하는 현실적인 증거를 제시할 수 있습니다. 나는 그때 지금보다 훨씬 더 부자였습니다. 집에 가정부를 세 분 고용해도 전혀 무리가 되지 않던 시절도 있었고요. 물론 지금도 25년째 운전기사를 두고 있지만요.

부유층에게 임금이란 땅콩 같은 것입니다. 말했듯이 호화로운 호텔에 거주하는 것도 내게는 별일이 아니었습니다. 나는 종종 스위스 장크트모리츠의 팔라스 호텔Palace Hotel에서 몇 주씩 투숙하곤 했습니다. 지금 그곳의 숙박료는 상당하지만 나는 단 한 번도 돈을 생각해 본 적이 없습니다. 하지만 현재 투숙료가 급격히 오른 이유는 서비스 임금이 크게 상승했기 때문입니다. 과거에 하우스키핑 메이드와 벨보이는 호텔에서 무료로 생활하는 대신 매우 적은 임금을 받았죠. 그래서 부유층에게 아무것도 아닌 호텔 투숙이 그들에게는 아예 엄두조차 낼 수 없는 그림의 떡 같은 일이었습니다.

하지만 지금은 모든 사람이 휴가가 되면 여행을 떠납니다. 이는 저소득층도 마찬가지죠. 독일은 경제 불황에도 불구하고 여행사의 성장률은 두 자릿수를 찍고 있습니다. 반면 숙박료가 300마르크를 상회하고 거기에 조식마저 포함하지 않는 대형 호텔 체인의 경우, 오늘날 개인 투숙객보다는 주로 기업의 업무

용도로 예약되는 추세입니다.

칼 마르크스가 현 상황을 본다면 전혀 흡족하게 여기지 못할 겁니다. 그러나 하지만 우리가 생활하는 사회는 마르크스가 공산주의 사회라고 소개한 공동체가 아니죠. 마르크스는 자신의 비전을 통해 일반 대중의 생활 수준 향상을 추구했지만 결국 그것을 달성한 것은 자본주의 체제라고 할 수 있습니다.

그로스 　　　그렇군요. 선생님께서는 늘 경제, 정치 쪽으로 조예가 깊으십니다. 경영학이나 경제학을 전공하지 않은 점이 아쉽게 느껴지지는 않으신가요?

코스톨라니 　　　절대 그렇지 않아요. 그로스 선생께서 추천사를 써준 내 신간의 도입부에서 내가 경영, 경제학을 전공하지 않았음을 언급했지요? 나는 학교에서 배운 대로 사고하는 것을 매우 경계합니다. 내가 지금 아는 모든 지식은 증권시장이라는 정글의 현장에서 실전으로 습득한 것입니다. 그리고 지금껏 겪은 경제학자들과의 만남은 극소수를 제외하고는 모두 부정적이었습니다.

그로스 　　　지금도 대학에서 경제학을 전공한 경제학자들 중 다수가 실전 지식이 부족하다는 생각에 변함이 없으십니까?

코스톨라니　　경제학자들이 대학에서 배운 꽉 막힌 이론만으로 세계 경제를 조종하려는 상황은 이 세계의 대참사라고 말할 수밖에 없습니다. 독일의 중앙은행은 이 대참사를 공공연히 보여주었습니다. 중앙은행의 수석 경제학자 오트마르 이싱은 정말 뭐라 말하기도 힘든 슐레징어의 정책을 그대로 계승했습니다. 반면 미국 로널드 레이건 대통령은 자신이 옳다고 믿는 것에 한에서 학계의 전문 지식인의 조언을 무시하고 과감히 추진했습니다. 그리고 그 결과는 1980년대 독일에서도 이루지 못한 완전 고용을 달성하며 경제 호황기를 이끌었습니다. '타이거Tiger(호랑이)'라고 불리던 프랑스 수상 조르주 클레망소George Clemenceau가 말했듯, 전쟁이란 오롯이 장군들에게만 맡기기에는 매우 진중한 사안입니다. 그런 만큼 나 또한 세계 경제 역시 경제학자들의 손에만 맡기기에는 진중한 문제라고 말하고 싶습니다. 한편, 진부한 이론을 토대로 분석한 예측에 제대로 반박하려면 그만큼 많은 작업과 노력이 필요하죠. 이러한 마음의 준비를 마친 사람도 극소수에 불과합니다. 언젠가 몰리에르Moliere는 이렇게 말했습니다.

"어리석은 자들과 얽히려면 두 배로 신경을 써야 하네!"

하지만 그럼에도 불구하고 젊은 세대는 전부 대학에서 경제학이나 경영학을 전공하고 싶어 합니다. 하지만 독일에서는 이 얄팍한 학문이 대기업 취업을 위한 학위 취득 용도에 불과하죠. 기업의 입장에서는 이런 학위가 최소한 그들이 고용한 직원이 그 분야에서 무지하지 않다는 최소한의 안정 장치가 되기 때문입니다. 가장 큰 불행은 경제학도들이 그대로 증권업자가 되는 경우입니다. 예전에 나는 매일 증권거래소를 방문했습니다. 그곳만큼이나 한정된 공간에 그렇게 많은 멍청이들이 모여 있는 곳은 없었습니다. 현재 은행에는 경제학 전공자가 독점적으로 딜러나 머니 매니저로 활동하고 있으며, 이외에도 과거에 비해 훨씬 더 많은 경제학도들이 금융 분야에 종사 중입니다. 그러나 경제학은 경제 예측에 불필요합니다.

그로스   선생님은 대학에서 학생들도 가르쳤지요? 그들과의 만남은 어땠습니까?

코스톨라니   매우 똑똑한 학생들도 만났고, 안타깝게도 매우 어리석은 학생들도 만나본 적이 있습니다. 하지만 대부분 긍정적인 경험으로 남아 있습니다. 대학에서 전임 교수로 부임

하지는 못했지만 독일, 오스트리아, 스위스의 내로라하는 유명 대학의 초빙 교수를 역임했습니다. 강연을 할 때마다 강의실이 가득 차곤 했습니다. 나는 학생들에게 증권시장이란 무엇인지 설명하고, 또 증권시장에서 성공하려면 단순히 계산하지 말고 생각해야 한다고 강조했습니다. 만하임대학교에 초청을 받아 개최한 강연에 1,000명의 학생들이 몰린 적도 있었습니다. 강의가 끝난 후 한 경영학도가 내게 물었습니다.

"코스톨라니 선생님, 정말 흥미로운 강의였습니다. 하지만 성공하기 위해서 그만큼이나 고민하고 생각해야 한다면, 그렇게 힘들게 증권업자가 될 만한 가치가 있을까요?"

학생의 고민에 웃음을 터트렸습니다. 그는 내가 만난 학생들 중에 가장 어리석은 축에 속했지만 앞서 말한 것처럼 매우 똑똑한 학생들도 있었습니다. 강연이 끝날 무렵 주로 첫 번째 줄에 앉아 있는 학생들에게 그들의 담당 교수들이 들으면 짜증이 날 만한 조언을 하곤 했습니다.

"대학교를 졸업하면 학교에서 배운 지식을 전부 머릿속에서 지워버려야 하네. 혹시라도 증권시장에 갈 생각이 있다면 특히 그렇다네. 그리고 경제학자들이 말하는 비관적 예측을 믿지 말게나. 1912년 이후로 확실하지 않지만 그래도 유지되고 있는 세계 평화 덕에 지금 이렇게 세계가 호황기를 향해 가고 있지 않은가!"

그로스　　　　세계가 호황이라고 생각하는 건가요? 과연 지금 아프리카가 큰 어려움을 겪고 있는데도 그렇게 말할 수 있을까요? 앙골라, 모잠비크, 인도에는 잠재적인 내란이 이어지고 있고, 아프가니스탄에도 아직 평화가 찾아오지 않았으며, 특히 우리 주변국인 유고슬라비아는 얼마 전까지 씁쓸한 전쟁을 치렀습니다.

코스톨라니　　　　전부 의심의 여지없이 인류의 비극임이 틀림없지만 그러한 사건이 우리에게 영향을 미치지는 않았죠. 물론 선생의 말에 공감하지 않는다는 뜻이 절대 아닙니다. 내가 전하고 싶은 메시지는 그것으로 우리의 평화와 세계 평화가 위협받고 있는 것은 아니라는 사실입니다. 왜 그럴까요? 소련의 붕괴는 이 세상의 가장 큰 축복이 되었습니다. 과거에 두 강대국 사이에 맴도는 긴장감으로 세계는 흡사 얼어붙는 것만 같았죠. 언제라도 분쟁이 생기고, 핵전쟁으로 고조되는 위험이 존재했습니다. 한국, 베트남, 쿠바 등 긴장이 있는 곳마다 소련과 미국은 대척했습니다. 아직까지 소련이 존재한다면 세르비아 편에서 무력을 사용했을 것이며 그로 인한 국제 긴장 사태는 피할 수 없었을 것입니다.

　더욱이 옛 유고슬라비아의 분쟁은 사실 그렇게까지 심각해질 사안은 아니었지만 그렇게까지 악화된 것은 결국 유럽 정치인들의 책임이 큽니다. 내 견해로는 보스니아를 독립 국가로 인정하지 말았어야 했습니다. 단 한 번도 주권을 가지지 못했던 보스니아가 갑자기 독립해야 할 이유는 무엇이란 말입니까? 보스니아는 예전부터 오스트리아-헝가리 제국의 일부였으며 그 전에는 오스만 제국의 영토였습니다. 어떻게든 세르비아에 귀속되지 않으려 버티던 보스니아는 항상 세르비아의 눈에 가시 같은 존재였습니다. 세르비아는 고금을 막론하고 언제나 광적인 애국자들이 가득한 나라였습니다. 20세기 초 세르비아를 다스린 오브레노비치Obrrenovic 왕가는 이미 오래전부터 라이벌 관계였던 카라오제비치Karaordjevic 가문에 의해서 권좌에서 내려와야 했습니다. 오브레노비치가 오스트리아-헝가리 제국의 협조를 구하는 동안 새로이 등극한 오스트리아-헝가리 군주는 그들의 반대편에 섰지요. 보스니아-헤르체고비나 강점 이후 테러 행위가 연달아 일어났고, 결국 왕세자였던 프란츠 페르디난트 대공과 대공비의 암살 사건으로 정점을 찍었습니다. 그 결과는 제1차 세계대전으로 이어졌습니다. 엄연히 따지고 보면 원인은 보스니아 때문이었던 것입니다.

분노한 군중은 '세르비아가 죽어야 한다'는 슬로건을 외치며 빈의 거리를 행진했습니다. 또한 당시 전쟁을 통쾌하게 여기는 분위기가 조성되면서 헝가리 전역에 울려 퍼지던 노래가 이를 반증하는 또 다른 증거였습니다.

"이 세르비아의 개야, 거기서 기다려라, 기다려. 헝가리와 독일 사람의 혈관에 뜨거운 피가 흐르는 한 너는 절대 보스니아를 차지하지 못하리라."

그러자 이번에는 세르비아 측에서 노래하기 시작했습니다. 보스니아는 세르비아에 속하며, 세르비아인의 혈관에 마지막 핏방울이 남아 있는 한 절대 독립할 수 없다고 말입니다. 이러한 국면이 결국 서구 정치인들이 보스니아를 포기할 수밖에 없도록 종용했을 것입니다. 두 민족의 고통을 둘러싼 참상이었지만 아무런 소득도 없이 이 전부를 견뎌야 했던 보스니아인들에게 특히 큰 고통이었을 것입니다.

03

전쟁보다는 풍요를

그로스　　그러면 선생님께서는 선진국, 특히 서방국가들의 생각과 달리 그냥 그들 손에 맡겨 두는 게 옳았다는 말씀일까요?

코스톨라니　　그보다는 대화로 중재를 시도하며 보스니아가 올바른 길로 가도록 할 수 있었을 거예요. 보스니아가 꼭 독립 국가가 되어야 했을까요? 세계 동향은 국가 간의 동맹을 맺는 방향으로 흘러가고 있습니다. 내가 너무 세르비아를 옹호한다는 생각이 든다면 그렇지 않다고 반박하고 싶습니다. 보스니아인은 한때 나와 같은 나라를 공유했습니다. 단지 지금은 이성적인 입장에서 바라볼 뿐입니다.

그로스   미국의 조지 부시 대통령이 신세계 질서^{New}

World Order에 대해 언급했지만 그런 국면은 일어나지 않았죠. 현 상황은 신세계 질서라기보다 그냥 세계 질서라고 할 수 있을 것입니다. 선생님은 현 세계 질서에 만족하고 있습니까?

코스톨라니   당연히 현 국면이 완벽하지는 않지만 냉전 시대와 비교한다면 훨씬 나아졌다고 생각합니다. 매일 아침 7시면 라디오 앞에 앉아 또 어디에서 긴장 상태가 벌어지는 것은 아닌지 불안에 떨어야 했습니다. 하지만 그것도 옛이야기가 되어버렸지요. 이제 아무리 일러도 아침 10시가 되어야 라디오를 틉니다. 그리고 그렇게 흘러나오는 소식도 딱히 내 관심을 끌지는 못합니다. 기껏 라디오에서 흘러나오는 소식이라 해봤자 클라우디아 시퍼가 데이비드 코퍼필드와 결혼을 한다느니, 모나코 공주가 아이를 낳았다느니 같은 뉴스입니다.

공산주의는 죽었습니다. 노동조합 역시 더는 사회주의를 신봉하지 않습니다. 이는 기업가들에게 매우 중요한 포인트입니다.

새로운 시대를 주도하는 것은 이제 팍스 아메리카나^{Pax}

Americana(미국이 주도하는 세계의 평화체제-옮긴이)입니다. 그것이 유럽인들의 마음에 들든지 그렇지 않든지 이제 남은 유일한 강대국은 미국이기 때문입니다. 그렇게 지켜진 평화는 앞으로 오랫동안 보장될 것입니다.

그로스 선생님이 가장 관심을 가진 분야는 돈이었지만, 음악에 대한 사랑도 줄곧 강조해 왔죠.

코스톨라니 내가 음악가가 되지 못한 것은 내 인생의 공공연한 상처로 남아 있습니다. 내 커리어는 완전히 다른 방향으로 흘러갔습니다. 그러다 보니 도저히 음악에 쏟을 시간이 생기지 않았죠. 제2차 세계대전이 끝나고 파리에 돌아온 후 시간적 여유가 생겨 손디 박사를 찾아가기 직전까지 나는 작곡을 배우고자 했습니다. 한 대학교수에게 수업을 받으려고 친히 부다페스트를 방문하기도 했지만 애석하게도 전부 부질 없는 짓이었습니다. 환갑이 넘으면 더는 뭔가 새로운 것을 배우기가 힘듭니다. 슬프지만 그것이 나이드는 것의 가장 큰 단점일 것입니다. 그래서 컴퓨터도 시작하지 못했습니다. 하지만 예전부터 해왔던 옛것은 나날이 더 실력이 좋아졌고, 오히려 창의적이 되었습니다. 음악가는 되지 못했지만 그래도 몇 곡은 작곡할 수 있었습니다.

언젠가 매우 아름다운 클래식 무용수와 사랑에 빠진 적이 있습니다. 그녀의 이름은 베아 골Bea Goll로, 그녀에게 푹 빠져서 작곡가에게 그녀의 이름을 따 B, E, A 단 3개의 음계만으로 그녀를 위한 곡을 써달라고 의뢰했습니다. 곡을 지은 장 프랑세Jean Francaix는 평소에 친하게 지낸 작곡가였습니다. 현재 85세가 된 그는 여전히 파리에 거주하고 있습니다.

얼마 전 그 곡이 그의 음반 CD에 수록되었고, 나는 그 음반을 구매했습니다. 그러고는 그 CD를 나와 친한 친구인 쉰부르크 여백작에게 선물했습니다. 글로리아 폰 투른 운트 탁시스Gloria von Thurn und Taxis의 어머니인 그녀의 이름도 내 옛 사랑과 마찬가지로 베아였습니다.

10장

인생의 가치에 투자하라

01

한 박자
쉰다는 것

그로스 이제 마지막 인터뷰로 들어갑니다. 좀 더 개인적인 것들을 여쭙겠습니다. 음악 이야기를 많이 하셨는데요. 부모님께서 음악 수업을 듣도록 허락하셨습니까?

코스톨라니 네, 그러셨습니다. 어린 시절은 음악과 관련된 일화로 가득하죠. 나보다 훨씬 나이가 많았던 형들은 집에서 자주 악기를 연주했습니다. 벨라는 바이올린을 다뤘는데, 어느 날 학교 친구들과 함께 실내악을 연주했습니다. 릴리는 성악을 했고, 또 큰형 엠머리히는 피아노를 연주하며 간간히 작곡도 했습니다. 이런 환경에서 자란 내 귀는 아주 어렸을 때부터 클래식 음악 중 특히 날마다 들었던 실내악에 길들여져 있었습니다. 어린 시절부터 슈베르트의 실내악과 브람스는 물론 슈만 등의 음악을 들으며 자랐고 지금도 그러한 음악을 매우 좋아합니다.

나 또한 피아노 수업을 들었으며 종종 어머니와 함께 네 손으로 베토벤의 교향곡을 연주하곤 했습니다. 내 피아노 선생님이었던 오이게니아 뮐러Eugenia Müller는 다름 아닌 프란츠 리스트Franz Liszt에게서 사사한 실력자였습니다. 뮐러 선생님을 통해 리스트가 가장 좋아하던 음식이 개구리 뒷다리 요리였다는 이야기도 들었습니다. 안타깝게도 훗날 정신없이 바쁜 증권 커리어로 악기를 다룰 시간이 좀처럼 없다 보니 배운 것마저 다 잊어버리고 말았지요.

비록 지금은 연주하지 못해도 피아노가 있긴 합니다. 증권가의 동료이자 아르민 바인레브의 형제인 오이겐 바인레브Eugen Weinreb가 선물로 주었습니다. 내 조언으로 굉장한 수익을 얻어 값진 선물로 성의를 표현한 거지요. 당시 그에게 멘델스존 채권을 액면가의 10퍼센트에 사라고 추천했는데 얼마 지나지 않아 그 채권을 액면가 대비 90퍼센트에 되팔았던 것입니다.

릴리의 첫 번째 남편이었던 매형이 음악에 대한 내 열정을 장려해 주었습니다. 그는 처음으로 내게 오페라를 관람하는 기회를 마련해 주기도 했습니다. 처음으로 본 오페라는 마스카니 Mascagni의 〈카발레리아 루스티카나Cavalleria Rusticana〉였습니다. 지휘자 구스타브 말러Gustav Mahler는 이 오페라로 세계적인 성공을 거두기도 했지요. 내 인생의 두 번째 오페라는 레온카발로 Ruggero Leoncavallo의 〈바야조Bajazzo〉였습니다. 이때는 아버지가 데려갔습니다. 아버지는 정규 레슨을 받은 음악가는 아니었지만 나처럼 음악을 사랑하는 애호가였습니다. 세 번째로 접한 오페라는 푸치니Giacomo Puccini의 〈라보엠Bohéme〉이었으며, 네 번째는 바그너Richard Wagner의 〈탄호이저Tannhäuser〉였습니다. 공산주의로 인해 잠시 빈에서 거주하던 1919년 우리 가족은 많은 저녁 시간을 빈의 오페라를 듣는 데 할애했습니다. 당시 빈의 오페라 감독은 세계적인 명성을 얻고 있던 지휘자 펠릭스 바인가르트너Felix Weingartner였습니다. 그때 내 나이는 겨우 13살에 불과했지요. 그 이후로 나는 전 세계의 오페라하우스를 방문하는 관객이 되었습니다.

파리에서 처음 관람한 오페라는 〈장미의 기사〉였습니다. 하지만 감동은 생각만큼 크지 않았는데, 그리 좋지 못한 객석에 앉아 있었기 때문만이 아니라 리하르트 슈트라우스Richard Strauss의 음악이 매우 현대적이었기 때문입니다. 1912년 〈장미의 기사〉가 세계에서 초연되던 당시 드레스덴 오페라하우스와 관련된 매우 재미있는 일화가 있습니다. 초연을 관람하며 그 자리에서 목격한 사촌이 내게 그 이야기를 들려주었습니다.

이 작품은 공동 작업으로 탄생한 대작이었습니다. 슈트라우스의 곡에 휴고 폰 호프만스탈이 텍스트를 쓴 이 오페라는 출연진의 의상마저도 화려했습니다. 그때까지 공연된 유명 오페라에서 거의 한 번도 보지 못한 수준이었습니다. 드레스덴에서 열리는 이 오페라 때문에 베를린에서 드레스덴까지 왕복하는 특별 열차가 배정될 정도였습니다. 저널리스트였던 내 사촌은 한 헝가리 신문에 관련 기사를 내야 했기에 초연에 참석했습니다. 공식적인 공연 시간은 19시였지만, 계속 지연됐습니다. 시간이 흘러 19시 30분이 되었지만 공연은 시작될 낌새도 보이지 않았죠. 그런데 갑자기 3명의 신사가 극장으로 들어와 첫 번째 줄에 착석하자 주변이 어두워지고 오페라가 시작됐습니다. 저널리스트인 내 사촌은 호기심이 발동했습니다. 도대체 저 신사들이 누구이길래 초연을 미룰 정도란 말인가? 쉬는 시간에 오페라 감독이 세 신사를 대하는 태도에서 궁금증은 더 극대화되었다고 합니다. 저들이 누구인지 꼭 알고 싶었던 사촌은 공연이 끝난 후 눈에 띄지 않게 그들의 뒤를 쫓았답니다. 그들이 어디 사는 신사들인지만 알아낸다면 어쩌면 그 신분도 밝혀낼 수도 있을 것이라는 예감 때문입니다. 그때 갑자기 어느 한 호텔 앞에

멈춰 선 세 신사 중 가장 핵심 인물인 듯한 사람이 입을 열었습니다.

"신사 여러분, 우리 한 번 솔직히 말해봅시다. 오늘 공연은 정말 엉망진창이었소!" 나중에 내 사촌은 그들이 파리 오페라하우스의 고위층이라는 사실을 알아냈습니다. 당시 파리 오페라하우스는 업계에서 입지가 매우 막강했고 〈장미의 기사〉를 사려는 잠재 고객으로 방문한 것이기에 그 정도의 의미를 부여했던 것입니다.

'엉망진창'인 그 작품은 그 이후로 80년간 전 세계의 모든 오페라하우스에서 공연되었고 걸작으로 평가받고 있습니다. 오늘날 금융시장을 제대로 이해하지 못하는 증권가 감독들의 행동이 딱 이러하죠.

훗날 내 취향과 사고방식도 달라져서 처음에는 생소하기만 했던 〈장미의 기사〉가 오늘날 내가 가장 좋아하는 오페라 중 하나가 되었습니다. 이참에 내가 즐겨 듣는 오페라 목록을 소개해보겠습니다. 가장 꼭대기에는 바그너의 〈뉘른베르크의 명가수〉가 있습니다. 나는 이 작품을 무려 166회나 들었습니다. 그 뒤로 이어지는 목록은 다음과 같습니다.

    –모차르트의 〈돈 조반니〉

−슈트라우스의 〈장미의 기사〉

−베르디의 〈팔스타프〉

−비제의 〈카르멘〉

−바그너의 〈트리스탄과 이졸데〉

−베르디의 〈오델로〉

−푸치니의 〈라 보엠〉

−모차르트의 〈마술 피리〉

그로스　　　　　선생님의 플레이리스트를 보니, 입이 딱 벌어집니다. 진정한 음악 애호가십니다. 늘 음악과 함께하셨으니 인생을 살면서 한두 번은 당대의 유명 음악가와 교류해 보셨을 것 같습니다.

코스톨라니　　　　물론입니다. 세기를 대표하는 유명 음악가들 중 특히 헝가리 작곡가인 벨라 바르톡Bela Bartok과 독일 작곡가 리하르트 슈트라우스와 친분이 있었습니다. 특히 슈트라우스와는 특별한 사연이 있습니다. 1950년대 무렵 스위스 비츠나우에 위치한 피어발트슈테터 호숫가에서 휴가를 보낸 적이 있습니다. 객실에 막 들어서자마자 아내가 흥분한 표정으로 다가와 말했습니다.

"앙드레, 내가 로비에서 누굴 봤는지 알아요?"

"아니오, 누굴 봤는데 그러오?"

"작곡가 리하르트 슈트라우스요. 살롱 별관에서 그의 아내와 함께 앉아 있더라고요."

나는 그 소식에 들뜨고 말았죠. 몇 미터 떨어지지 않은 곳에 음악의 거장이 있다는 생각에 심장이 두근거리며 빠르게 뛰기 시작했습니다. 흡사 오늘날 극성 팬들이 짙게 선팅한 자동차 창문 뒤로 좋아하는 스타를 본 것처럼 말입니다. 나는 어떻게든 그와 안면을 터야겠다는 결심을 했습니다. 이러한 우연한 만남은 인생에서 다시 오지 않을 단 한 번의 기회임이 틀림없었습니다. 그다음 날 자신을 슈트라우스 박사라고 소개한 그와 길에서 마주친 뒤 인사를 나눴습니다. 그는 매우 친절했고 거부감을 보이는 기색이 전혀 없었습니다. 우리는 투숙하는 호텔까지 같이 걸어왔습니다. 당시에 내게는 구입한 지 얼마 안 된 새 차가 있었습니다. 슈트라우스는 그날 발 치료사를 방문해야 한다며, 나에게 취리히의 바덴까지 데려다달라고 부탁했습니다.

오스트리아의 작곡가 안톤 부르크너Anton Bruckner는 슈트라우스가 신봉하는 거장이었습니다. 슈트라우스가 부르크너를 처음 만났을 때 무릎을 꿇고 그의 발에 입을 맞출 정도였다고 합니다. 물론 나는 그 정도는 아니었습니다. 나는 내 우상을 발 치료사에 데려다주는 것으로 만족했습니다.

그 이후로 우리는 몇 번의 외출을 함께했고 매우 흥미로운 대화를 나눴습니다. 당시 슈트라우스는 은퇴한 듯 비교적 조용한 생활을 하고 있었습니다. 당시 그의 심리 상태가 음악에 몰두할 정도로 최상이지는 않았기 때문입니다. 독일의 운명이 그에게 큰 상처를 남겼던 것 같아요. 그는 누구보다 독일에 대한 애국심이 강했습니다. 다시 한 번 강조하지만 그는 애국자였지, 나치가 아니었습니다. 우리는 휴가가 끝난 후에도 계속 연락을 주고받았고 친한 친구가 되었습니다.

헝가리 작곡가 프란츠 레하르Franz Lehár와는 제2차 세계대전이 터지기 전 내가 자주 다니던 파리의 단골 술집 '리틀 헝가리'에서부터 알던 사입니다. 그곳에서 독일의 유명 영화배우 마를레네 디트리히Marlene Dietrich도 종종 보곤 했지만 개인적으로 대화를 나눠본 적은 없었습니다. 레하르는 군악을 연주하는 음악가이자 유명 작곡가였습니다. 히틀러가 좋아하던 오페레타로 이름을 알린 〈유쾌한 미망인〉이 바로 그의 작품입니다. 헝가리계 유대인 여성과의 불행한 결혼 생활로 이혼을 하려고 했지만 그녀는 이혼을 거부했습니다. 하지만 〈유쾌한 미망인〉을 너무나 좋아하던 히틀러는 만약 레하르가 유대인 아내와 헤어지면 훈장을 내리겠다고 전했습니다. 레하르가 그렇게나 원하던 이혼을 강행할 명분이 생긴 것이었습니다. 하지만 그는 끝내 이혼하지 않았죠. 히틀러의 명령에 대한 레하르의 답변은 다음과 같았습니다.

"그런 조건으로는 절대 이혼하지 않습니다."

레하르는 독일 영화배우이자 감독이었던 구스타프 프뢰리히 Gustav Fröhlich에 비하면 진짜 신사였습니다. 프뢰리히는 유대인 출신으로 당대 유명 성악가였던 부인인 기타 알파 Gitta Alpár와 끝내 이혼을 선택했습니다. 심지어 부인은 아이를 임신한 상태였습니다.

전쟁이 끝난 후 프뢰리히는 이혼한 아내에게 돌아가 무릎을 꿇고 용서를 구했지만 헛수고였습니다. 그 밖에 오페레타 작곡가 엠머리히 칼만 Emmerich Kálmán과도 깊은 우정을 나누었지요. 나는 그의 금융 문제에 조언을 해주는 컨설턴트였습니다. 그를 통해 나는 프리츠 크라이슬러 Fritz Kreisler를 비롯한 여러 유명 음악가들과 친분을 쌓을 수 있었습니다. 이렇듯 당대를 아우르는 음악인과의 교류는 내게 가장 큰 행복이자 행운이었습니다.

그로스 러시아 출신 미국 작곡가 이고르 스트라빈스키 Igor Stravinsky와도 친분이 있으셨습니까?

코스톨라니　　　안타깝게도 그분과는 친분이 없었습니다. 소개받을 뻔한 기회가 있었지만 애석하게도 소개받지는 못했습니다. 친구들은 내가 그와 닮았다고 말하곤 했지만 개인적으로 그와 마주칠 기회가 없어 확인하지는 못했습니다.

어느 날 베네치아의 라 페니체 극장에 오른 스트라빈스키의 〈난봉꾼의 행각The Rake's Progress〉의 초연을 관람했습니다. 공연이 끝난 후 베네치아의 한 작은 식당에 혼자 앉아 있었는데요. 건너편의 기다란 탁자에 4개 국어로 떠들썩하게 대화하는 10명의 무리가 보였습니다. 프랑스어, 독일어, 러시아어, 이탈리아어가 동시다발적으로 들렸습니다. 그리고 바로 내 맞은편에는 나이가 지긋한 신사가 앉아 있었습니다. 어디선가 본 것 같은 익숙한 모습에 한참 골머리를 앓으며 그가 누군지 떠올렸습니다. 그리고 마침내 생각해냈습니다.

'저건 딱 내 모습인데, 지금보다 20년은 더 나이 든 것 같지만.'

그 순간 그가 마에스트로 이고르 스트라빈스키일 거라고 확신했습니다. 그리고 나중에 종업원에게 물어본 결과 내 의심이 말끔히 해소되었습니다. 그 이후로도 스트라빈스키를 베네치아에서 몇 번 마주쳤지만 정작 대화를 나누지는 못했습니다.

02

예술과
돈

그로스   여러 작곡가들과 마주친 것만이 아니라 친
밀한 관계셨잖아요. 특히 오페레타 작곡가 엠머리히 칼만을 언
급하셨는데요. 그의 음악을 좋아하시나요?

코스톨라니   매우 좋아합니다. 칼만의 음악이 오늘날 전
세계에서 연주되고 있을 만큼 칼만은 대중적인 인기를 얻고 있
습니다. 심지어 러시아에서도 인기가 있을 정도입니다. 그의 아
들과 미망인 베라와도 친하게 지내고 있습니다. 칼만이 살아 있
던 시절 그의 부인과 얽힌 재미있는 일화들이 있는데요. 주로

돈과 관련된 에피소드입니다. 제2차 세계대전이 터진 직후 며칠 간 빈에 머무른 적이 있었습니다. 그때 베라가 황급히 전화를 걸어왔습니다.

"친애하는 앙드레 씨, 부탁드리고 싶은 게 있어요!"

"무슨 일입니까?" 그녀에게 물었습니다.

"엠머리히가 한 시간 내에 전화로 커다란 다이아몬드 반지가 투자 수단으로 적절한지 여부를 물을 텐데, 그때 제발 그렇다고 해주세요. 내 여자 친구들 전부 아름다운 다이아몬드 반지가 있는데 부자 작곡가의 아내인 저만 없거든요."

정확히 그녀가 말한 시간에 칼만에게서 전화가 왔습니다. 베라의 예상대로 칼만은 최상품 다이아몬드 반지가 투자할 만한 가치가 있는지 문의했습니다. 나는 양심껏 그에게 조언했습니다.

"자네는 유가 증권만 보유하고 있지 않던가. 그것도 미국 주식으로만 말일세. 그러니 다이아몬드 반지 하나 정도는 유가물로 보유하는 것도 좋겠지. 그것으로 생기는 보너스도 좋으니 말일세!"

"보너스라니 무슨 말인가?" 칼만이 의아한 목소리로 물었습니다.

"자네 부인의 친구들이 그 반지를 보고 질투에 휩싸일 테니 말일세."

내 부연 설명에 칼만은 큰소리로 웃음을 터트렸습니다. 그리고 일주일 뒤 베라는 고대하던 다이아몬드 반지를 받았죠. 나는 결혼한 여성들이 다이아몬드나 진주와 사랑에 빠지는 것을 부정적으로 보지 않습니다. 제법 많은 돈이 들겠지만 거기에는 한계가 있습니다. 그러나 은행 계좌와 사랑에 빠지면 한도도 없고 어떻게 해도 절대 만족하지 못합니다.

내 친구 엠머리히 칼만의 경우 그 다이아몬드 반지가 마지막 선물이 되었습니다. 반지를 선물한 주에 갑자기 세상을 떠났기 때문입니다.

그로스　　　　처음에 언급한 벨라 바르톡은 선생님께서 언급한 작곡가들과는 다른 음악을 합니다. 벨라 바르톡과는 어떻게 알게 되셨는지요?

코스톨라니　　　바르톡과는 미국에서 만났습니다. 나처럼 이민자였지만 그는 유대인도 아니었기에 사실 미국에 이민을 올 이유가 전혀 없었습니다. 그렇지만 뼛속부터 자유분방하고 민주주의 성향을 지닌 사람이었기에 3제국 통치하에 사는 것을 원하지 않았죠. 나는 지금까지 벨라 바르톡만큼 고상한 사람을 본 적이 없습니다. 그는 옛 귀족 수준의 품행을 지녔습니다. 실상 소시민 출신이었음에도 불구하고 말입니다.

바르톡은 음악의 천재였습니다. 하지만 영국인들이 말하듯 '내 취향은 아니야not my cup of tea'였지만 말입니다. 그의 음악은 낭만주의 음악에 몰두한 나에게는 지나치게 현대적이었습니다. 나는 독일 낭만주의 음악이 취향이었습니다.

그로스　　　　그렇다면 선생님의 취향에 맞는 낭만주의와 후기 낭만주의 경향은 무엇인가요?

코스톨라니　　　　당연히 리하르트 슈트라우스입니다. 나는 그의 작품을 전부 꿰고 있습니다. 그와 함께 취리히 바덴의 베레나 광장에서 점심 식사를 하던 때가 떠오릅니다. 그때 점심 메뉴는 송어였는데, 식사가 끝날 때까지 음식이 남아 있었기에 결국 남은 송어를 나눠 먹었습니다. 소소하지만 내 인생에서 잊히지 않는 소중한 순간입니다. 그와 음악 이야기도 자주 했지만, 보통 주식 이야기가 주를 이뤘죠. 그의 부인 파울리네가 투자에 관한 모든 것을 알고 싶어 했기 때문입니다.

화가, 작가, 음악가와 있을 때 그런 일이 자주 생겼습니다. 모두가 나와 증권시장 이야기를 나누고 싶어 했습니다. 앞서 언급했던 세계적인 작곡가이자 바이올리니스트인 프리츠 크라이슬러도 마찬가지였습니다. 크라이슬러는 나만 보면 투자 조언이나 힌트 좀 달라고 괴롭혔지요. 그에게는 항상 사느냐 아니면 파느냐가 가장 큰 고민이었기 때문입니다. 그는 내가 증권시장의 불협화음을 듣는 귀가 훨씬 좋을 거라 생각해서 나만 보면 투자 조언을 구했습니다. 그렇지만 그에게는 나보다 엄청난 장점이 있었습니다. 설령 낮에 증권시장에서 큰돈을 잃더라도, 저녁이면 바이올린 연주로 돈을 벌 수 있었으니 말입니다.

그로스　　　　　음악가들만큼이나 문학가들도 그렇지 않습니까?

코스톨라니　　　　　당연히 문학가들도 그렇습니다! 증권시장이라는 현상은 모든 사람을 극도로 흥분시킵니다. 지금부터 말하는 상황은 내게 너무나 전형적인 일상이었습니다. 나는 친한 친구인 야노스 Janos H.를 프랑스 리비에라에 있는 내 별장에 자주 초대했습니다. 누구보다 예술을 사랑하는 그는 특히 프랑스 문학에 조예가 깊었습니다. 야노스에게 특별한 추억을 선사하고 싶어서 프랑스에서 사귄 친구이자 이웃이었던 M. C. 씨를 초대했습니다.

M. C. 씨는 프랑스 최고 권위의 문학상인 공쿠르상 Goncourt

^{Prize} 문학상 수상자이며 예술 비평가이자 미국에서 불문학 교수로 재직 중이었습니다. 사실 프랑스인 친구 앞에서 헝가리 친구를 자랑하고 싶었던 마음도 있었습니다. 내심 공산주의 국가인 헝가리도 최신 프랑스 문학 동향을 훤히 꿰고 있다는 것을 제대로 알려주고 싶었습니다. 그러나 유감스럽게도 애초에 계획했던 문학적 교류는 전혀 이뤄지지 않았습니다. 내가 초대한 그 손님은 온통 전자, 유가, 금값, 금시장에 대한 질문들만 퍼부었기 때문입니다. 내 불쌍한 친구 야노스는 그 틈에서 입도 제대로 떼지 못하고 묵묵히 자리를 지키며 시무룩한 기색을 지우지 못했습니다. 활발한 문학적 토론을 기획했던 유익한 오찬은 그렇게 실패로 끝나버렸습니다.

그로스　　　　그런 일이 자주 있습니까?

코스톨라니　　　　매번 이런 일이 반복됩니다. 하지만 유명 인사로 대접받기에 생기는 일이라고 생각하며 대체로 이해하는 편입니다. 하지만 반대의 이유로 예술가나 작가 또는 다른 문예 애호가를 초대하여 제대로 대접하고 소통하려는 분들께는 말씀드리죠. 나를 초대하는 것을 유의하라고 말입니다. 내가 그곳에 참석하는 것만으로 분위기가 애초의 계획과 크게 달라지기 때문입니다.

그로스　　　　　좋습니다. 그렇다면 지성인도 예술가도 아닌 소득이 평균인 보통 사람이 투자에 대해 의논하려고 한다면 어떤 조언을 해주실 수 있을까요?

코스톨라니　　　　나는 그에게 조언과 함께 수면제를 처방할 것입니다. 세계 일류 기업의 주식을 사고 수면제를 복용하고 깊은 잠에 든 뒤 깨어나면 놀라운 일이 벌어질 것이라고 말입니다. 하지만 증권시장에 돈을 투자하기 전에 자식이 있다면 가장 먼저 자식 교육에 투자하라고 조언할 것입니다. 자식 교육에 투자하는 것이 최고의 투자입니다. 내가 바로 살아 있는 증거라고 할 수 있지요. 우리 부모님은 내 지원이 없었더라면, 어쩌면 최저생계비만으로 노후를 버텨야 했을지도 모릅니다.

그로스　　　　　정말 그렇네요. 선생님의 인생은 헝가리에서 시작됐습니다. 조금 더 시간이 흐른 뒤 헝가리로 되돌아가거나 그곳에 집을 살 의향이 있으신가요?

코스톨라니　　　　아직은 잘 모르겠습니다. 헝가리에 자주 머물러 있지는 않지만 그곳을 방문할 때면 주로 편하다는 이유로 도나우 강변의 포룸 호텔에 투숙합니다. 하지만 어느 한 도시에 집을 마련한다면 그곳에 뿌리를 내리는 기분이 들 겁니다.

그로스　　　　　공산화 이후 헝가리 사회의 발전에 대해 어떻게 생각하십니까?

코스톨라니　　　매우 긍정적으로 보고 있습니다. 물론 다소 시간이 걸리겠지만 적어도 5~6년 사이에 상당한 진척이 있을 것이라고 생각합니다. 그때쯤이면 많은 해외 자본이 흘러들어올 것이기 때문입니다. 헝가리인은 매우 쾌활하고 사교적인 민족입니다. 그러므로 헝가리에게는 다른 나라에 비해 공산주의 사회가 소용없을 것이라 봅니다. 노동자들은 돈을 적게 주면 그만큼 적게 일한다고 말합니다. 다음과 같은 농담도 있습니다. 어느 날 헝가리를 방문한 한 외국인이 생각보다 너무 잘사는 헝가리 사람들의 생활 수준을 보고 한 헝가리인에게 말했습니다.
　"헝가리가 가난한 나라라고 우는 소리를 하지만 내가 보기에는 모두가 너무 잘사는데요?"
　"그런가요?" 헝가리인이 말했습니다.
　"헝가리 사람에게는 달랑 1,000포린트짜리 지폐 한 장만 있을 뿐이지만, 그 돈이 날마다 다른 이의 지갑으로 옮겨 다니기 때문이죠."

그로스　　　　재미있는 이야기군요. 방금 말씀하신 예측이 다른 동유럽 국가에도 해당될까요?

코스톨라니　　　　체코는 확실하죠. 체코 국민들은 매우 성실하며 독일의 도덕심을 갖췄다고 생각합니다. 폴란드가 그 뒤를 잇는데, 폴란드 국민은 매우 활동적이지만 상업에서만큼은 덜 성실하죠. 일명 '폴란드 경제'가 때로는 장애가 될 것입니다. 어쨌거나 나는 첫 번째로 헝가리를 세울 것입니다. 헝가리의 경우 시장 경제가 철의 장막(구공산권) 이전부터 은밀히 도입되었기 때문입니다. 심지어 증권거래소도 다시 개장했습니다. 나는 개막식에 참석했고 명예 총장으로 임명되기도 했습니다. 어린 시절 증권거래소의 총장이나 오페라 감독이 되고 싶었던 내 꿈을 그렇게나마 실현했습니다. 나와 잘 아는 사이인 저명한 오페라 감독 아우구스트 에버딩August Everding을 만날 때마다 나는 농담 삼아 오페라하우스에 내 자리 하나 만들어달라고 말하곤 했습니다. 내 평생의 꿈이라고 말이지요.

그로스   선생님께서는 부다페스트에서 파리로 옮겼지만 부다페스트와의 인연을 절대 놓지 않으시죠. 오토 폰 합스부르크를 제외하고라도 오늘날 헝가리를 이끄는 지도 계층과도 인맥이 연결되어 있지요?

코스톨라니   네, 나의 90세 생일 파티에 해외에 거주하는 유명 헝가리인들과 함께 줄러 호른 Gyula Horn 헝가리 총리의 집으로 초대를 받았죠. 그곳에서 오토 폰 합스부르크를 만났습니다. 그분은 자신이 원한다면 헝가리에서 가장 영향력이 높은 위치에 오를 수 있는 사람이었습니다. 충분히 공화국의 대통령도 될 수 있었을 것입니다. 그분과는 수년째 친분을 쌓고 있는데요. 여기저기에서 보이는 그분의 모습을 주시하고 있습니다. 워낙 매력적이고 호감이 가는 인물이라 그분과의 교류는 언제나 즐겁습니다. 더욱이 전쟁 전 옛 오스트리아 국민이었던 그분은 독일어도 능통했습니다.

그로스   그분의 헝가리어 실력은 어떻습니까?

코스톨라니   나만큼이나 완벽했습니다. 언젠가 내가 그분에게 물었습니다. "대공님." 나는 평소 그분을 대공이라고 불렀습니다. "제 헝가리어는 어떤 거 같으십니까? 저는 이미 70년째 헝가리 살고 있지 않습니다만."

"굉장하군요." 그분은 이렇게 대답하고는 곧이어 단 한 번도 헝가리에 살아본 적이 없는 자신의 헝가리어 실력이 어떤지 물었습니다. 헝가리 베네딕트 교단의 수도사를 가정 교사로 둔 그분은 헝가리어를 완벽하게 구사했습니다.

그분의 어머니인 부르봉 파르마의 지타Zita 황후는 매우 똑똑한 분인데요. 나는 황후의 두 형제와도 아는 사이였습니다. 그 두 형제 중 남동생이었던 르네René 왕자는 뉴욕에서 나와 같은 건물에 집을 얻었습니다. 왕자는 정략혼으로 덴마크 왕의 사위가 되었습니다. 언젠가 그에게 한 가지 부탁을 한 적이 있었습니다. 내 제안은 워싱턴으로 가서 그와 친분이 있는 덴마크 대사에게 특정 채권이 1941년 12월 1일에 지불될 것인지 아닌지를 문의하는 것이었습니다. 그는 내가 사례금을 두둑하게 약속하자 흔쾌히 내 제안을 수락했습니다.

제2차 세계대전이 한창 진행되는 동안 나는 뉴욕에서 유럽 정부가 발행한 채권에 관심이 있었고, 특히 독일군에 점령당했던 채무국의 채권을 주시했습니다. 뉴욕 증권거래소에서 거래되고 있던 덴마크 왕국의 채권도 바로 그런 경우였습니다. 이자 쿠폰은 지불되었지만 원금 상환이 가능할지 여부는 여전히 미해결인 상태였습니다. '변제하느냐 마느냐'는 오롯이 덴마크 정부에게 달린 문제였습니다. 이자율이 6퍼센트인 해당 채권은 액면가의 60퍼센트로 할인되어 유통되고 있었지만, 6개월 안에 액면가대로 상환되어야 했습니다. 이런 등급의 채권이 비정상적인 가격으로 거래되고 있다는 것은 상상도 할 수 없는 일이었습니다. 게다가 채무국인 덴마크 정부는 거액의 달러를 보유하고 있었습니다.

나는 그 채권을 30~40퍼센트 시세로 구매했습니다. 시세는 천천히 오르고 있었죠. 몇 개월 후면 은행 창구에서 액면가의 100퍼센트를 돌려받을 수 있는데 굳이 60, 70퍼센트라는 조건으로 팔아야 할 이유는 하등 없습니다. 다만 나는 덴마크가 이번에 이 채권액을 변제할 것인지 여부를 확신할 수 없었습니다.

약속했던 날 정확한 시간에 왕자가 워싱턴에서 전화를 걸어왔습니다(정확성은 왕가의 필수 예절이지요).

"채권은 상환되지 않을 거라고 하네!"

덴마크 정부가 의심스러운 이유로 그런 결정을 내린 것은 아닐 것입니다. 채권을 상환하는 데 필요한 달러를 미국에 충분히 보유하고 있었지만 그러다 국고가 바닥이 날 수도 있었습니다. 그리고 그보다 만기가 늦은 채권들은 이자조차 지불하지 못하고 있었습니다.

나는 덴마크 채권을 좋은 가격에 되팔 수 있었습니다. 만기를 한 달 앞둔 시점에 시세가 급격히 오르더니 어느새 90선을 돌파하는 것을 보고 결단을 내렸고, 과감히 공매도까지 도전했습니다. 그러나 상승세가 계속 유지되자 나는 왕자의 말을 의심하는 지경에 이르렀습니다. 하지만 상승세는 오래가지 않았습니다. 어느 날 아침 〈뉴욕 타임스〉에 커다란 광고가 실렸습니다. "유감스럽지만 덴마크 정부는 무거운 마음으로 채무자들에게 안타까운 소식을 전하는 바입니다……."

나머지는 왕자에게서 들은 그 내용 그대로였습니다. 채권은 액면가의 60퍼센트로 추락했고, 내 내부자 정보는 승리라는 월계관을 썼습니다. 그 이후로 나는 다윗 왕의 시편 143장 3절에 적힌 "왕자를 믿지 말지어다!"라는 구절을 신뢰하지 않게 되었습니다.

03

돈보다
중요한 것

그로스　　선생님과 대화를 나눠본 사람들은 제게 이런 질문도 했습니다. "코스톨라니 씨도 때때로 죽음에 대해, 그리고 인생의 종착점에 대해 생각하실까요?"

코스톨라니　　유감스럽게도 그렇습니다. 90세가 되면 언제나 그런 생각을 염두에 둬야 합니다. 6개월 뒤의 강연 스케줄을 잡을 때도 내가 정말 할 수 있을지 되묻곤 합니다. 서재에 혼자 있을 때면 '내가 없으면 이곳은 어떻게 될까? 그보다 내 원고들은 되는 거지? 저러다 대부분 버려지는 건 아닐까?'라는 생각에 잠기곤 했습니다. 몇 년 전 릴리가 세상을 떠나고 누나가 살던 취리히의 집을 정리하면서 남은 유품의 대부분을 버려야 했어요. 그때 마음 한편이 매우 아팠지요. 노인들이 나이가 들수록 추억이 담긴 물건들을 소중하게 여긴다는 것을 나는 너무나 잘 알고 있었습니다.

그로스　　　　외람되지 않는다면 선생님께서는 사후에 무엇인가가 있다고 생각하십니까, 아니면 죽음이 끝이라고 생각하시나요? 그것도 아니라면 계속 이어지는 또 다른 존재 형태가 있다고 생각하십니까?

코스톨라니　　　　글쎄요. 그 부분에 있어서는 나도 확신하는 바가 없습니다.

그로스　　　　흘러가는 대로 둔다는 말씀으로 이해해도 될까요?

코스톨라니　　　　그렇습니다. 그냥 흘러가는 대로 내 앞에 생길 일들을 마주할 것입니다. 그저 2000년 섣달 그믐날 축제를 함께할 수 있기만을 기도합니다.

그로스   선생님께서는 비록 90세의 나이지만 정신적으로 그리고 신체적으로도 매우 건강해 보이십니다. 그러한 활력을 얻는 방법을 알려주시겠어요? 그 비결에 대해 귀띔 좀 해주세요. 궁금합니다.

코스톨라니   일부는 유전입니다. 코스톨라니 가문의 전체가 매우 꽤 오래 장수한 편입니다. 아버지와 어머니는 87세까지 사셨어요. 릴리는 92세, 벨라는 88세까지 살았죠. 엠머리히만 비교적 이른 77세에 세상을 떠났습니다. 엠머리히는 우리 가족 중에서 가장 허약했습니다. 조부모님도 매우 오래 사신 것으로 알고 있습니다. 물론 이런 이유가 전부는 아닙니다. 나는 매우 건강한 생활을 추구하는 편입니다. 평소에 소식을 하고, 금연하며, 술도 딱 건강을 해치지 않을 정도만 마십니다. 하지만 가장 중요한 것은 정신적 운동입니다. 나는 지금까지도 끊임없이 분석하고, 사고하고, 여행을 다니고, 토론하고, 집필합니다. 나와 동년배 중 건강이 양호한 친구들은 하루 온종일 브리지를 즐깁니다. 독일에서는 스카트를 하지만 프랑스와 유럽 전역에서는 브리지가 열풍입니다. 나는 매일 고민하고 사색하게 만드는 증권시장이 훨씬 중요하기 때문에 카드 게임은 하지 않고 있습니다.

그로스　　　　　신체 단련을 위한 운동을 따로 하고 계신가요?

코스톨라니　　　신체 운동은 전혀 하지 않습니다. 윈스턴 처칠이 말했듯 나 역시 "노 스포츠No Sports."입니다.

그로스　　　　　그럼에도 참으로 건강해 보이십니다. 선생님께서 어떠한 상황에서도 지키려는 근본적인 가치에 대해 여쭙고 싶습니다.

코스톨라니　　　모든 사람에게 최대한 선입견 없이 객관적으로 접근하려고 노력합니다. 그리고 내가 생각했던 것과 정반대라는 것을 입증하기 전까지 모두를 완전하다고 바라봅니다. 긍정적인 생각은 내 기본 성향입니다. 나는 사람들을 지성, 미美, 도덕성처럼 각기 다른 특성으로 분류하여 판단합니다. 그리고 이 특성마다 10점에서 마이너스 10점까지의 등급으로 평가합니다.

　내 분류법에 따라 지성 점수가 10점이지만 도덕성이 마이너스 10점인 지인이 있었습니다. 왜냐하면 그의 직업이 소매치기였기 때문입니다. 내 친구들 중에는 이와 정반대인 경우도 있었습니다. 또한 미적 수준은 그 사람의 영향력으로 판단했습니다. 딱히 지적이거나 윤리적이지 않아도 타인에게 커다란 영향력을 발휘하는 사람도 있기 때문입니다.

그로스   세상을 바라보는 선생님의 관점에 대해서
도 정리해 보고 싶습니다. 선생님께서는 인도주의자와 염세주의
자 중 어느 쪽에 가깝다고 생각하시지요?

코스톨라니   당연히 인도주의자입니다. 나는 사람들을
사랑합니다. 나는 사람들을 보면 대화를 시도합니다. 사람들도
그러한 내 성향을 느낄 거라고 생각합니다. 특히 젊은 세대에
인기가 있는 편입니다. (웃음)

그로스   선생님께서 남기신 저서와 선생님 이름이
앞으로 어떻게 남을지에 대해 관심이 있으실까요?

코스톨라니   그럼요. 관심이 매우 많은 편입니다. 그리고
내가 집필한 책이 8개국의 언어로 번역되어 백만 부 이상이 판
매되는 과정을 지켜본 일은 크나큰 기쁨이었습니다. 내 책들은
동서양을 막론하고 번역되었습니다. 특히 헝가리에서 출간된 것

을 기쁘게 생각합니다. 지금 헝가리에서는 증권시장에 대한 관심이 나날이 커지고 있습니다. 워싱턴을 방문할 때면 가장 먼저 미국 의회 도서관으로 향하는데요. 그곳에 내 책이 소장되어 있는지 내 눈으로 확인하고 싶기 때문입니다. 그로스 선생도 그런 적이 있지 않습니까?

그로스　　　　저는 그런 적은 없고, 백과사전을 찾아본 적은 있습니다. 거기서 처음으로 제 이름을 발견한 순간 매우 자랑스러웠던 기억이 납니다.

코스톨라니　　　　맞아요. 그랬을 겁니다. 그리고 내 책 중 한 권이 베스트셀러 순위에 오른다면, 저자 인세 10퍼센트보다는 사람들이 내 일화와 지혜에 인세의 10배가 되는 돈을 지불할 의향이 있었다는 점에 마음이 갔습니다. 내 책이 내 수명보다 오래 살아남아 다음 세대에도 유용하게 쓰인다면 그보다 더한 기쁨은 없을 것입니다.

그로스　　　　돈이 전부가 아니라는 사실이 입증된 셈이네요. 다음 세대는 당신에게 인세를 안겨주지 않을 테니까요. 선생님은 돈 버는 법을 잘 알지만, 돈에 좌우되는 삶을 살지 않은 것 같습니다. 더불어 돈보다 더 가치 있는 것을 다음 세대에 전하고 싶어 하죠. 삶을 바라보는 깊은 통찰과 지혜의 한 조각을 우리에게 남겨주셔서 감사합니다.

돈에 대해 생각하고 또 생각하라

초판 1쇄 발행 2024년 10월 10일

지은이 앙드레 코스톨라니·요하네스 그로스
옮긴이 한윤진

펴낸곳 ㈜이레미디어
전화 031-908-8516(편집부), 031-919-8511(주문 및 관리)
팩스 0303-0515-8907
주소 경기도 파주시 문예로 21, 2층
홈페이지 www.iremedia.co.kr **이메일** mango@mangou.co.kr
등록 제396-2004-35호

편집 김지숙, 이병철 **디자인** 최치영
마케팅 김하경 **재무총괄** 이종미 **경영지원** 김지선

ISBN 979-11-93394-48-9 (03320)

* 가격은 뒤표지에 있습니다.
* 잘못된 책은 구입하신 서점에서 교환해드립니다.

당신의 소중한 원고를 기다립니다.
mango@mangou.co.kr